*The Economic Contribution of **Copyright Industries** in **China** (2011~2012)*

中 国
版权产业的
经济贡献
（2011～2012年）
本书编委会 / 著

The Economic Contribution of Copyright Industries in China (2011~2012)

图书在版编目（CIP）数据

中国版权产业的经济贡献：2011~2012年 / 本书编委会著. — 北京：中国书籍出版社，2017.7
ISBN 978-7-5068-6413-8

Ⅰ.①中… Ⅱ.①中… Ⅲ.①版权—产业—研究—中国—2011-2012 Ⅳ.①G239.2

中国版本图书馆CIP数据核字（2017）第201469号

中国版权产业的经济贡献：2011~2012年

本书编委会　著

责任编辑	李雯璐
责任印制	孙马飞　马　芝
封面设计	东方美迪
出版发行	中国书籍出版社
地　　址	北京市丰台区三路居路97号（邮编：100073）
电　　话	（010）52257143（总编室）　　（010）52257140（发行部）
电子邮箱	eo@chinabp.com.cn
经　　销	全国新华书店
印　　刷	北京睿和名扬印刷有限公司
开　　本	787毫米×1092毫米　1/16
字　　数	100千字
印　　张	7.25
版　　次	2017年7月第1版　2017年7月第1次印刷
书　　号	ISBN 978-7-5068-6413-8
定　　价	34.00元

版权所有　翻印必究

编写委员会

主　　任：于慈珂　魏玉山
成　　员：汤兆志　范　军　金弘蔓　高素梅
　　　　　宋萍萍　赵　冰　张晓斌　李　芊
　　　　　王金刚　季　阳　丁　虹

主　　编：范　军
副 主 编：赵　冰
执 笔 人：杨　昆　郝丽美
统　　稿：范　军　赵　冰

前　言

"中国版权产业的经济贡献调研"项目是国家版权局与世界知识产权组织（WIPO）委托中国新闻出版研究院开展的连续性重点科研项目。参照WIPO组织编写的《版权产业的经济贡献调研指南》一书提供的方法，以全国经济普查数据为基础，以其他行业数据为补充，结合各省市、各行业的实地调研，通过行业增加值、就业人数和商品出口额三个指标，系统研究中国版权产业对国民经济的贡献情况。

调研项目通过相关数据比较准确地掌握了中国版权产业的基本规模、发展趋势及其在国民经济中的地位与作用，对于提升各级政府部门和社会公众对版权产业和版权保护重要性的认识具有重要意义，也为引导、扶持中国版权产业发展提供有益经验，为修订相关法律和制定公共政策提供参考数据。

前三次调研成果《中国版权相关产业的经济贡献》《中国版权相关产业的经济贡献（2007~2008年）》《中国版权产业的经济贡献（2009~2010年）》已先后于2010年7月、2012年6月及2015年3月由中国书籍出版社公开出版发行。

本次调研成果仍然采用WIPO《指南》提供的方法，通过行业增加值、就业人数、商品出口额三个指标来衡量中国版权产业的经济贡献。并延续《中国版权产业的经济贡献（2009~2010年）》的结构与框架，由主报告和专题报告两部分组成。

主报告共分为五章。第一章为2011~2012年中国版权产业的经济贡献，第二章为2011~2012年中国核心版权产业的经济贡献，第三章为2008~2012年中国版权产业的纵向比较，第四章为中国与世界其他国家版权产业的横向比较，第五章为中国版权产业的综合分析。

专题报告则选取了十余家全国版权示范城市、示范单位和示范园区（基地），通过对其版权相关工作的做法与经验进行介绍与推广，更为直观、具体地展现我国版权产业发展的现状与成就。

目　录
CONTENTS

主报告 ··· 1

第一章　2011~2012年中国版权产业的经济贡献 ························· 3
　一、概述 ··· 3
　二、行业增加值 ··· 6
　三、就业人数 ··· 10
　四、出口额 ··· 15

第二章　2011~2012年中国核心版权产业的经济贡献 ··················· 21
　一、行业增加值 ·· 21
　二、就业人数 ··· 23
　三、出口额 ··· 24

第三章　2008~2012年中国版权产业的纵向比较 ························· 27
　一、行业增加值的比较 ··· 27
　二、就业人数的比较 ··· 29
　三、出口额的比较 ··· 30

第四章 中国与世界其他国家版权产业的横向比较 ·············· 32
一、中国与世界其他国家版权产业经济贡献的比较 ·············· 32
二、中国与美国版权产业经济贡献的比较 ·············· 37

第五章 中国版权产业的综合分析 ·············· 42

专题报告：充分发挥示范作用 大力推动版权工作 ·············· 49

第一章 全国版权示范城市 ·············· 51
广东广州：以匠工之心 创版权示范 ·············· 51
福建厦门：海峡两岸版权交流的窗口 ·············· 54
江苏苏州：推进示范城市创建 促进版权产业发展 ·············· 57
江苏昆山：第一个县级市"全国版权示范城市" ·············· 61

第二章 全国版权示范园区（基地） ·············· 64
上海张江高科技园：打造现代版权产业园区典范 ·············· 64
四川成都高新区：西部首个版权示范园区 ·············· 67
浙江中国轻纺城：保护花样版权 激发创新热情 ·············· 70
江西景德镇：版权保护为千年瓷都注入活力 ·············· 73
山东章丘：版权之光照亮龙山黑陶发展之路 ·············· 75

第三章 全国版权示范单位 ·············· 77
安徽省版权交易中心：搭建版权与资本对接平台 ·············· 77
中文在线：重视版权保护 促进企业发展 ·············· 79

附录 ·· 82
　中国版权产业的具体分类··82

参考文献 ·· 106

主报告

第一章 2011~2012年中国版权产业的经济贡献

数据显示，2011~2012年中国版权产业的行业增加值、就业人数、出口额继续保持了平稳增长的态势，在促进经济增长、创造就业机会、扩大对外贸易中发挥着日益重要的作用。

一、概述

经调查统计，2011年中国版权产业行业增加值为31528.98亿元人民币，占全国GDP的6.67%；就业人数为1178.62万人，占全国城镇单位就业总人数的8.18%；商品出口额为2859.62亿美元，占全国海关统计商品出口总额的15.06%。详细数据见表1-1、图1-1。

表 1-1　2011 年中国版权产业的经济贡献[①]

指标 分类	行业增加值		就业人数		商品出口额	
	数值 （亿元人民币）	比重 （%）	数值 （万人）	比重 （%）	数值 （亿美元）	比重 （%）
核心版权产业	17161.81	3.63	587.03	4.07	53.27	0.28
相互依存的版权产业	6642.33	1.40	324.37	2.25	2586.41	13.62
部分版权产业	3107.34	0.66	154.05	1.07	219.93	1.16
非专用支持产业	4617.50	0.98	113.18	0.79	—	—
合　　计	31528.98	6.67	1178.62	8.18	2859.62	15.06

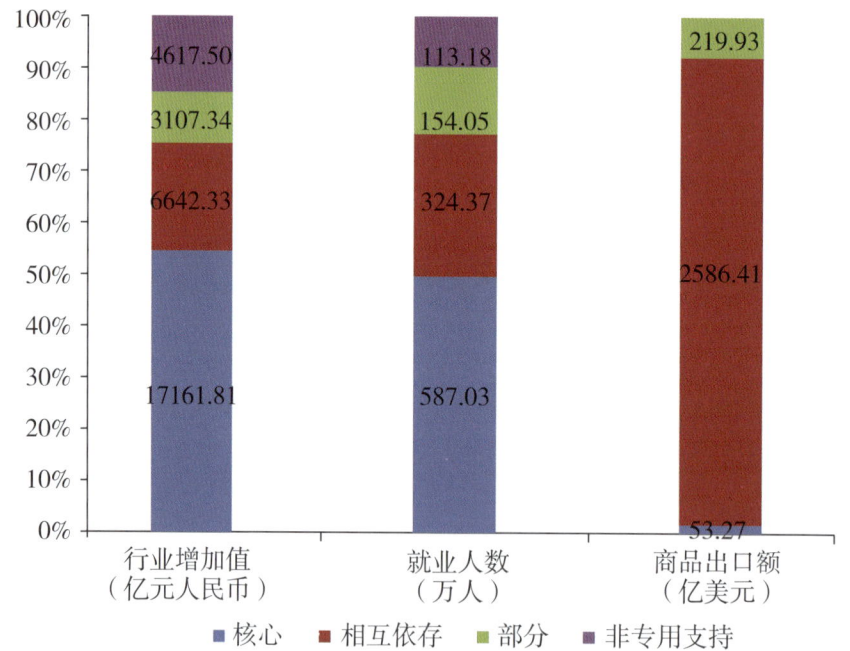

图 1-1　2011 年中国版权产业经济贡献比例图

2012 年中国版权产业行业增加值为 35674.15 亿元人民币，占全国

---

① 本表格中部分数据因四舍五入的原因，分项相加与合计可能有细微差别，以下图表相同。

GDP 的 6.87%；就业人数为 1246.48 万人，占全国城镇单位就业总人数的 8.18%；商品出口额为 2960.03 亿美元，占全国海关统计商品出口总额的 14.45%。详细数据见表 1-2、图 1-2。

表 1-2　2012 年中国版权产业的经济贡献

指标 分类	行业增加值		就业人数		商品出口额	
	数值 （亿元人民币）	比重 （%）	数值 （万人）	比重 （%）	数值 （亿美元）	比重 （%）
核心版权产业	20598.19	3.97	616.06	4.04	41.10	0.20
相互依存的版权产业	6919.89	1.33	339.61	2.23	2676.66	13.07
部分版权产业	3421.78	0.66	174.24	1.14	242.27	1.18
非专用支持产业	4734.29	0.91	116.57	0.77	—	—
合　计	35674.15	6.87	1246.48	8.18	2960.03	14.45

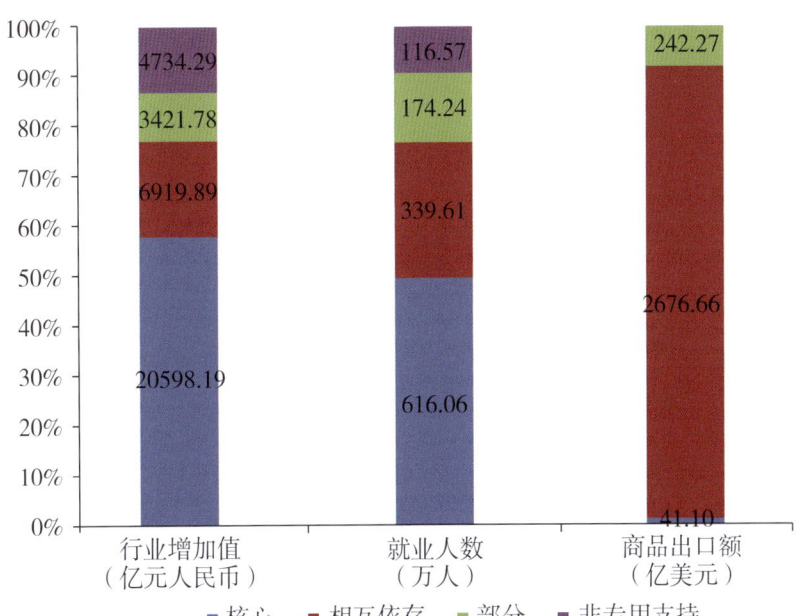

图 1-2　2012 年中国版权产业经济贡献比例图

二、行业增加值

(一) 2011 年行业增加值

2011年我国版权产业行业增加值为31528.98亿元人民币,占全国GDP的6.67%,比2010年增加5158.72亿元人民币,增长率为19.56%。其中,核心版权产业17161.81亿元人民币,占全国GDP的3.63%,比2010年增加3020.77亿元人民币,增长率为21.36%。

其他产业组的行业增加值分别是:相互依存的版权产业6642.33亿元人民币,占全国GDP的1.40%;部分版权产业3107.34亿元人民币,占全国GDP的0.66%;非专用支持产业4617.50亿元人民币,占全国GDP的0.98%。详细数据见表1-3、图1-3。

表1-3 2011年中国版权产业的行业增加值

	主要产业组	增加值(亿元人民币)	合计(亿元人民币)	比重(%)
核心版权产业	文字作品(含数字出版)	4214.86	17161.81	3.63
	音乐、戏剧制作、曲艺、舞蹈和杂技	280.57		
	电影和影带	120.32		
	广播电视	951.78		
	摄影	38.02		
	软件和数据库	7220.76		
	美术与建筑设计、图形和模型作品	3047.89		
	广告服务	1106.69		
	版权集体管理与服务	180.92		

（续表）

	主要产业组	增加值（亿元人民币）	合计（亿元人民币）	比重（%）
相互依存的版权产业	电视机、收音机、录像机、CD播放机、DVD播放机、磁带播放机、电子游戏设备及其他类似设备	1532.85	6642.33	1.40
	计算机和相关设备	4460.53		
	乐器	75.13		
	照相机和电影摄影器材	84.20		
	复印机	72.74		
	空白录音介质	23.69		
	纸张	393.19		
部分版权产业	服装、纺织品和制鞋	50.42	3107.34	0.66
	珠宝和硬币	21.28		
	其他手工艺品	342.96		
	家具	61.80		
	家庭用品、陶瓷和玻璃	11.46		
	墙纸和地毯	2.84		
	玩具和游戏用品	198.21		
	建筑、工程、调查	1916.56		
	内部装修设计	501.48		
	博物馆	0.34		
非专用支持产业	一般批发和零售业	2793.96	4617.50	0.98
	交通运输、仓储和邮政业	1458.02		
	电话和互联网产业	365.53		

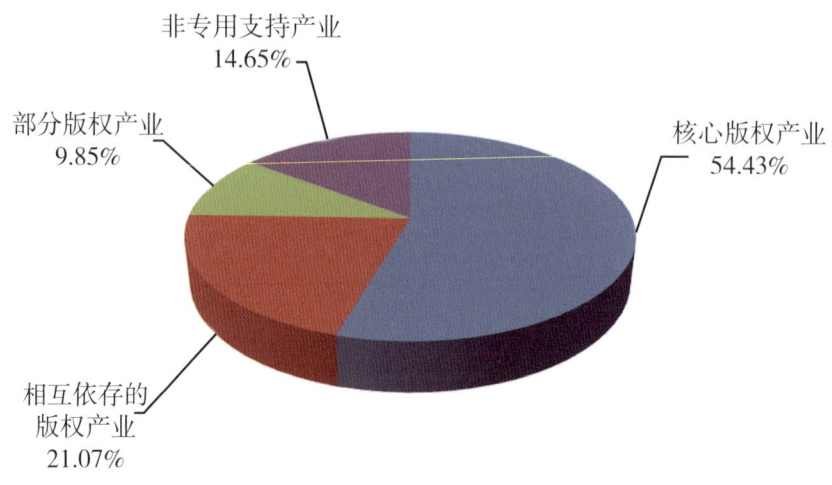

图1-3 2011年中国版权产业行业增加值构成图

(二) 2012年行业增加值

2012年中国版权产业的行业增加值为35674.15亿元人民币，占全国GDP的6.87%，比2011年增加4145.17亿元人民币，增长率为13.15%。其中，核心版权产业的行业增加值为20598.19亿元人民币，占全国GDP的3.97%，比2011年增加3436.38亿元人民币，增长率为20.02%。

其他产业组的行业增加值分别是：相互依存的版权产业6919.89亿元人民币，占全国GDP的1.33%；部分版权产业3421.78亿元人民币，占全国GDP的0.66%；非专用支持产业4734.29亿元人民币，占全国GDP的0.91%。详细数据见表1-4、图1-4。

表 1-4　2012 年中国版权产业的行业增加值

	主要产业组	增加值（亿元人民币）	合计（亿元人民币）	比重（%）
核心版权产业	文字作品（含数字出版）	4832.65	20598.19	3.97
	音乐、戏剧制作、曲艺、舞蹈和杂技	316.78		
	电影和影带	134.82		
	广播电视	1073.74		
	摄影	42.89		
	软件和数据库	9312.26		
	美术与建筑设计、图形和模型作品	3432.44		
	广告服务	1248.51		
	版权集体管理与服务	204.10		
相互依存的版权产业	电视机、收音机、录像机、CD 播放机、DVD 播放机、磁带播放机、电子游戏设备及其他类似设备	1720.03	6919.89	1.33
	计算机和相关设备	4503.44		
	乐器	81.00		
	照相和电影摄影器材	91.85		
	复印机	79.35		
	空白录音介质	26.30		
	纸张	417.91		
部分版权产业	服装、纺织品和制鞋	53.97	3421.78	0.66
	珠宝和硬币	23.15		
	其他手工艺品	365.51		
	家具	66.02		
	家庭用品、陶瓷和玻璃	12.18		
	墙纸和地毯	3.05		
	玩具和游戏用品	210.85		
	建筑、工程、调查	2129.48		
	内部装修设计	557.19		
	博物馆	0.39		

（续表）

主要产业组		增加值（亿元人民币）	合计（亿元人民币）	比重（%）
非专用支持产业	一般批发和零售业	2704.20	4734.29	0.91
	交通运输、仓储和邮政业	1541.03		
	电话和互联网产业	489.05		

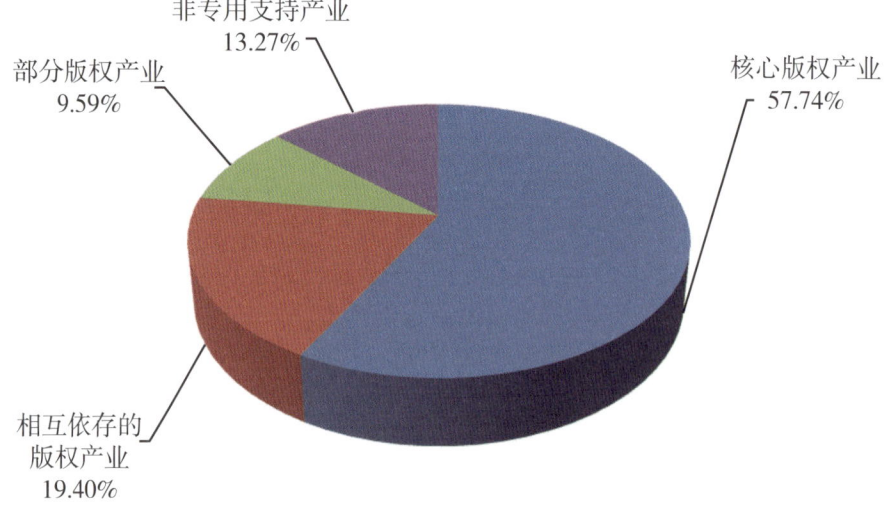

图1-4　2012年中国版权产业行业增加值构成图

三、就业人数

（一）2011年就业人数

2011年，我国版权产业的就业人数为1178.62万人，占全国城镇单位就业总人数的8.18%，比2010年增加137.08万人。其中，核心版权产业587.03万人，占全国城镇单位就业总人数的4.07%，比2010年增加52.24万人。

其他产业组的就业人数分别是：相互依存的版权产业 324.37 万人，占全国城镇单位就业总人数的 2.25%；部分版权产业 154.05 万人，占全国城镇单位就业总人数的 1.07%；非专用支持产业 113.18 万人，占全国城镇单位就业总人数的 0.79%。详细数据见表 1-5、图 1-5。

表 1-5　2011 年中国版权产业的就业人数

主要产业组		就业人数（万人）	合计（万人）	比重（%）
核心版权产业	文字作品	99.97	587.03	4.07
	音乐、戏剧制作、曲艺、舞蹈和杂技	20.38		
	电影和影带	9.58		
	广播电视	37.21		
	摄影	1.20		
	软件和数据库	317.63		
	美术与建筑设计、图形和模型作品	73.41		
	广告服务	23.06		
	版权集体管理与服务	4.59		
相互依存的版权产业	电视机、收音机、录像机、CD 播放机、DVD 播放机、磁带播放机、电子游戏设备及其他类似设备	97.55	324.37	2.25
	计算机和相关设备	202.81		
	乐器	4.42		
	照相机和电影摄影器材	2.78		
	复印机	2.67		
	空白录音介质	0.45		
	纸张	13.70		

中国版权产业的经济贡献（2011～2012年）
The Economic Contribution of Copyright Industries in China（2011-2012）

（续表）

	主要产业组	就业人数（万人）	合计（万人）	比重（%）
部分版权产业	服装、纺织品和制鞋	2.82	154.05	1.07
	珠宝和硬币	0.74		
	其他手工艺品	20.50		
	家具	3.40		
	家庭用品、陶瓷和玻璃	0.54		
	墙纸和地毯	0.15		
	玩具和游戏用品	15.72		
	建筑、工程、调查	103.49		
	内部装修设计	6.67		
	博物馆	0.02		
非专用支持产业	一般批发和零售业	50.06	113.18	0.79
	交通运输、仓储和邮政业	54.08		
	电话和互联网产业	9.04		

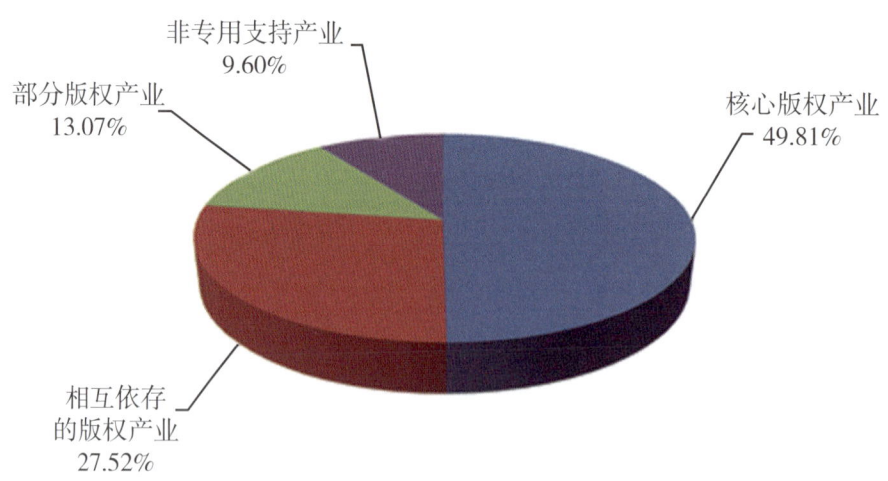

图1-5　2011年中国版权产业就业人数构成图

(二) 2012年就业人数

2012年，中国版权产业的就业人数为1246.48万人，占全国城镇单位就业总人数的8.18%，比2011年增加了67.86万人。其中，核心版权产业616.06万人，占全国城镇单位就业总人数的4.04%，比2011年增加了29.03万人。

其他产业组的就业人数分别是：相互依存的版权产业339.61万人，占全国城镇单位就业总人数的2.23%；部分版权产业174.24万人，占全国城镇单位就业总人数的1.14%；非专用支持产业116.57万人，占全国城镇单位就业总人数的0.77%。详细数据见表1-6、图1-6。

表1-6　2012年中国版权产业的就业人数

	主要产业组	就业人数（万人）	合计（万人）	比重（%）
核心版权产业	文字作品	103.97	616.06	4.04
	音乐、戏剧制作、曲艺、舞蹈和杂技	20.85		
	电影和影带	9.78		
	广播电视	38.29		
	摄影	1.24		
	软件和数据库	332.84		
	美术与建筑设计、图形和模型作品	80.88		
	广告服务	23.52		
	版权集体管理与服务	4.68		

(续表)

	主要产业组	就业人数（万人）	合计（万人）	比重（%）
相互依存的版权产业	电视机、收音机、录像机、CD播放机、DVD播放机、磁带播放机、电子游戏设备及其他类似设备	102.30	339.61	2.23
	计算机和相关设备	212.13		
	乐器	4.63		
	照相和电影摄影器材	2.92		
	复印机	2.84		
	空白录音介质	0.49		
	纸张	14.30		
部分版权产业	服装、纺织品和制鞋	2.95	174.24	1.14
	珠宝和硬币	0.79		
	其他手工艺品	21.41		
	家具	3.56		
	家庭用品、陶瓷和玻璃	0.56		
	墙纸和地毯	0.15		
	玩具和游戏用品	16.40		
	建筑、工程、调查	120.62		
	内部装修设计	7.77		
	博物馆	0.02		
非专用支持产业	一般批发和零售业	52.26	116.57	0.77
	交通运输、仓储和邮政业	51.71		
	电话和互联网产业	12.60		

第一章 2011~2012年中国版权产业的经济贡献　　15

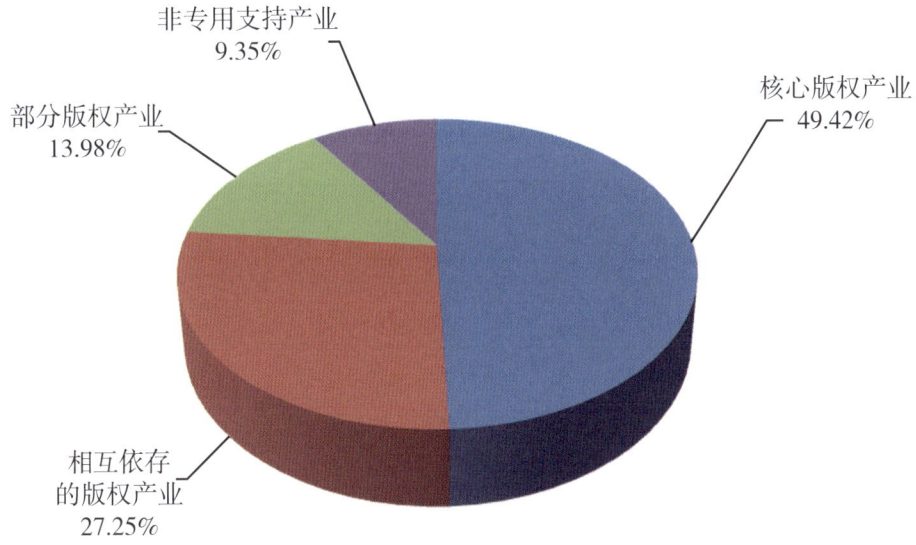

图1-6　2012年中国版权产业就业人数构成图

四、出口额

本项研究中，版权产业的商品贸易出口额依据海关统计，服务贸易出口额依据国家外汇管理局的国际收支统计。《中国国际收支平衡表》中的服务贸易项下的数据，仅能估算核心版权产业服务贸易出口额，其他三个版权产业组的服务贸易出口额因缺乏相应数据暂不进行估算。

（一）2011年出口额

2011年我国版权产业海关统计商品出口额为2859.62亿美元，占全国海关统计商品出口总额的15.06%。

其中，核心版权产业出口额为53.27亿美元，占全国出口总额的0.28%；相互依存的版权产业2586.41亿美元，占全国出口总额的13.62%；部分版权产业219.93亿美元，占全国出口总额的1.16%。详细数据见表1-7、图1-7。

表1-7 2011年中国版权产业海关统计商品出口额

	主要产业组	商品出口额（万美元）	占版权产业出口额比重（%）	占海关商品出口总额比重（%）
核心版权产业	文字作品	293859.83	1.03	0.28
	音乐、戏剧制作、曲艺、舞蹈和杂技	63.22	0.00	
	电影和影带	29852.93	0.10	
	广播电视	—	—	
	摄影	83.33	0.00	
	软件和数据库	170747.05	0.60	
	美术与建筑设计、图形和模型作品	38135.30	0.13	
	广告服务	—	—	
	版权集体管理与服务	—	—	
	合计	532741.66	1.86	
相互依存的版权产业	电视机、收音机、录像机、CD播放机、DVD播放机、磁带播放机、电子游戏设备以及其他类似设备	6694554.11	23.41	13.62
	计算机和有关设备	15189933.70	53.12	
	乐器	162353.05	0.57	
	照相和电影摄影器材	215416.02	0.75	
	复印机	2520841.97	8.82	
	空白录音介质	648517.27	2.27	
	纸张	432526.91	1.51	
	合计	25864143.04	90.45	

（续表）

	主要产业组	商品出口额（万美元）	占版权产业出口额比重（%）	占海关商品出口总额比重（%）
部分版权产业	服装、纺织品、鞋帽	101840.78	0.36	1.16
	珠宝和硬币	90927.07	0.32	
	其他手工艺品	811040.80	2.84	
	家具	189660.41	0.66	
	家庭用品、陶瓷和玻璃	21228.56	0.07	
	墙纸和地毯	5004.79	0.02	
	玩具和游戏用品	979574.29	3.43	
	合计	2199276.68	7.69	

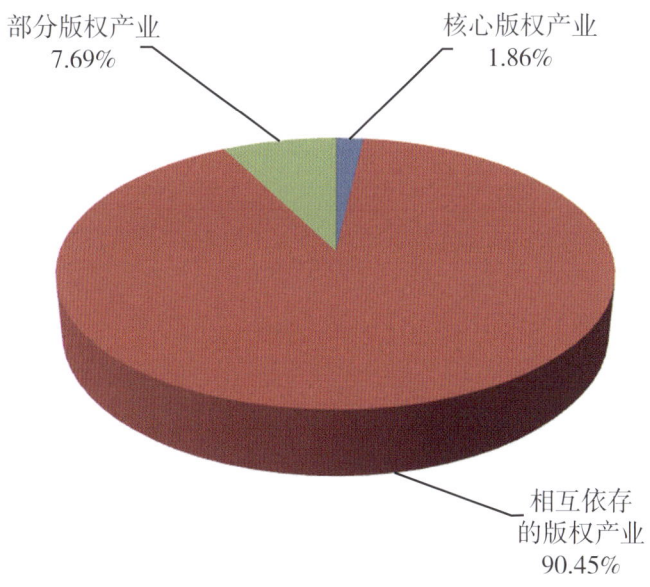

图1-7 2011年中国版权产业海关统计商品出口额构成图

以出口额衡量，我国相互依存版权产业的商品出口额及其占当年版权产业商品出口额的比重仍占绝对优势，2011年仍达到90%以上，说明中国版权产业的外贸出口仍以制造业为主。

(二) 2012年出口额

2012年,中国版权产业的海关统计商品出口额为2960.03亿美元,占全国海关统计商品出口总额的14.45%,比2011年增加100.41亿美元,增长率为3.51%。

其中,核心版权产业41.10亿美元,占全国出口总额的0.20%;相互依存的版权产业2676.66亿美元,占全国出口总额的13.07%;部分版权业242.27亿美元,占全国出口总额的1.18%。详细数据见表1-8、图1-8。

表1-8　2012年中国版权产业海关统计商品出口额

主要产业组		商品出口额（万美元）	占版权产业出口额比重（%）	占海关商品出口总额比重（%）
核心版权产业	文字作品	324107.03	1.09	0.20
	音乐、戏剧制作、曲艺、舞蹈和杂技	29.83	0.00	
	电影和影带	31623.48	0.11	
	广播电视	—	—	
	摄影	206.24	0.00	
	软件和数据库	871.27①	0.00	

① 2011年,软件和数据库的海关统计商品出口额为17.07亿美元,2012年则为871.27万美元,两年间该产业组数据出现比较大下降的原因是该项数据所依靠的海关分类品目98.03的统计范围发生了变化。根据海关总署2011年第80号公告,自2012年起,品目98.03仅用于申报专门针对特定用户的特定需求而开发的出口软件,原品目98.03项下的计算机软件不再列入我国对外货物贸易的统计范围,而是计入对外服务贸易统计。也就是说品目98.03的统计口径变小,这也是软件和数据库产业组以及核心版权产业海关商品出口额下降的主要原因。

第一章 2011~2012年中国版权产业的经济贡献　19

（续表）

	主要产业组	商品出口额（万美元）	占版权产业出口额比重（%）	占海关商品出口总额比重（%）
	美术与建筑设计、图形和模型作品	54137.41	0.18	
	广告服务	—	—	
	版权集体管理与服务	—	—	
	合计	410975.26	1.39	
相互依存的版权产业	电视机、收音机、录像机、CD播放机、DVD播放机、磁带播放机、电子游戏设备以及其他类似设备	6392089.10	21.59	13.07
	计算机和有关设备	16332866.38	55.18	
	乐器	170239.40	0.58	
	照相和电影摄影器材	231315.07	0.78	
	复印机	2523473.81	8.53	
	空白录音介质	623521.87	2.11	
	纸张	493067.57	1.67	
	合计	26766573.20	90.43	
部分版权产业	服装、纺织品、鞋帽	106661.20	0.36	1.18
	珠宝和硬币	190215.53	0.64	
	其他手工艺品	850577.51	2.87	
	家具	244087.74	0.82	
	家庭用品、陶瓷和玻璃	25793.03	0.09	
	墙纸和地毯	5224.44	0.02	
	玩具和游戏用品	1000182.41	3.38	
	合计	2422741.87	8.18	

中国版权产业的经济贡献（2011～2012年）
The Economic Contribution of Copyright Industries in China（2011-2012）

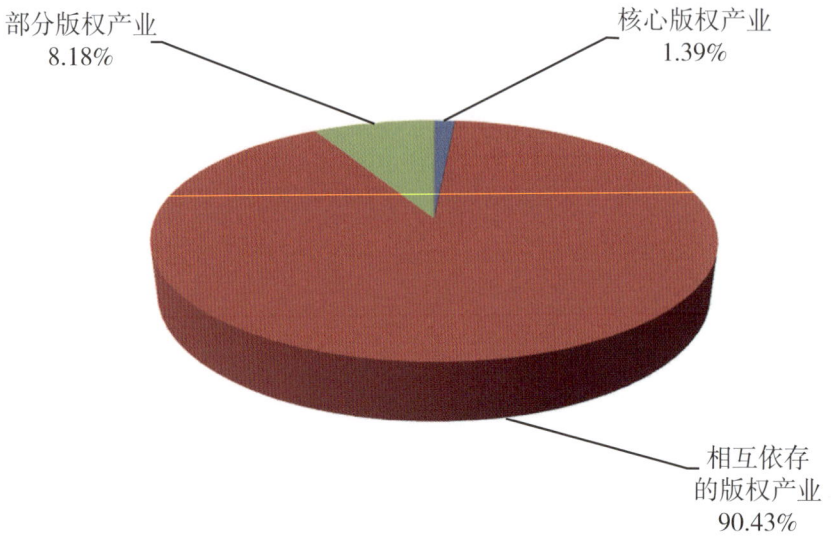

图1-8　2012年中国版权产业海关统计商品出口额构成图

第二章 2011~2012年中国核心版权产业的经济贡献

核心版权产业是完全从事创作、制作和制造、表演、广播、传播和展览或销售和发行作品及其他受保护客体的产业，具体包括文字作品；音乐、戏剧制作、曲艺、舞蹈和杂技；电影与录像；广播电视；摄影；软件与数据库；美术与建筑设计、图形和模型作品；广告服务；版权集体管理与服务九组产业。这些产业是版权产业最重要、最核心的组成部分，因而被称为核心版权产业。

在中国，核心版权产业和文化产业在外延、内涵上大致相同。对核心版权产业的经济贡献进行研究，可以凸显版权在文化产业中的重要作用。

一、行业增加值

核心版权产业是中国版权产业中最重要的产业组。在核心版权产业中，软件和数据库、新闻出版[①]、广播影视、文化艺术[②]等产业保持了较快增

[①] 新闻出版与版权产业分类中的"文字作品"的范围基本一致，下同。
[②] 文化艺术与版权产业分类中的"音乐、戏剧制作、曲艺、舞蹈和杂技"的范围基本一致，下同。

长的态势，对版权产业行业增加值的贡献较高。

2011年我国核心版权产业行业增加值为17161.81亿元人民币，占全国GDP的3.63%，比2010年增加3020.77亿元人民币。增长率为21.36%，增长明显高于其他产业组。

2012年，中国核心版权产业的行业增加值为20598.19亿元人民币，占全国GDP的3.97%，比2011年增加3436.38亿元人民币。增长率为20.02%，增长明显高于其他产业组。

2011~2012年中国核心版权产业各子组的行业增加值如表2-1。其中软件和数据库、新闻出版①、广播影视、文化艺术②等产业的行业增加值均保持了较快增长。

表2-1　2011~2012年中国核心版权产业行业增加值

	2011年		2012年	
	行业增加值（亿元人民币）	比重（%）	行业增加值（亿元人民币）	比重（%）
文字作品	4214.86	0.89	4832.65	0.93
音乐、戏剧制作、曲艺、舞蹈和杂技	280.57	0.06	316.78	0.06
电影和影带	120.32	0.03	134.82	0.03
广播电视	951.78	0.20	1073.74	0.21
摄影	38.02	0.01	42.89	0.01
软件和数据库	7220.76	1.53	9312.26	1.79
美术与建筑设计、图形和模型作品	3047.89	0.64	3432.44	0.66

① 新闻出版与表2-1中"文字作品"的范围基本一致。
② 文化艺术与表2-1中"音乐、戏剧制作、曲艺、舞蹈和杂技"的范围基本一致。

（续表）

	2011年		2012年	
	行业增加值（亿元人民币）	比重（%）	行业增加值（亿元人民币）	比重（%）
广告服务	1106.69	0.23	1248.51	0.24
版权集体管理与服务	180.92	0.04	204.10	0.04

注：① 文字作品包含数字出版；

② 比重是指行业增加值占全国GDP的百分比。

二、就业人数

2011年，我国核心版权产业的就业人数为587.03万人，占全国城镇单位就业总人数的4.07%，比2010年增加52.24万人。增长率为9.77%，增长明显高于其他产业组。

2012年，中国核心版权产业的就业人数为616.06万人，占全国城镇单位就业总人数的4.04%，比2011年增加29.03万人。增长率为4.95%，增长明显高于其他产业组。

2011~2012年中国核心版权产业各子组的就业人数如表2-2。其中软件和数据库、新闻出版、广播影视、文化艺术等产业的就业人数均保持了较快增长。

表2-2　2011~2012年中国核心版权产业就业人数

	2011年		2012年	
	就业人数（万人）	比重（%）	就业人数（万人）	比重（%）
文字作品	99.97	0.69	103.97	0.68
音乐、戏剧制作、曲艺、舞蹈和杂技	20.38	0.14	20.85	0.14

（续表）

	2011年		2012年	
	就业人数（万人）	比重（%）	就业人数（万人）	比重（%）
电影和影带	9.58	0.07	9.78	0.06
广播电视	37.21	0.26	38.29	0.25
摄影	1.20	0.01	1.24	0.01
软件和数据库	317.63	2.20	332.84	2.18
美术与建筑设计、图形和模型作品	73.41	0.51	80.88	0.53
广告服务	23.06	0.16	23.52	0.15
版权集体管理与服务	4.59	0.03	4.68	0.03

注：① 文字作品包含数字出版；

② 比重是指就业人数占全国城镇单位就业总人数的百分比。

三、出口额

鉴于国家统计局的数据中缺乏基于行业小类的商品贸易出口数据，因此要计量核心版权产业的商品贸易出口总额时只能依据海关统计。

同样鉴于国家统计局的数据中缺乏基于行业小类的服务贸易出口数据，因此要计量核心版权产业的服务贸易出口总额时只能依据国家外汇管理局的国际收支统计。本项研究从《中国国际收支平衡表》中的服务贸易项下筛选出软件和数据库，专有权利使用和许可费（版权）、广告、宣传、电影、音像四个类别，用以估算核心版权产业的服务贸易出口额。其他三个版权产业组的服务贸易出口额因为缺乏相应的数据而未进行估算。

(一) 海关统计商品出口额

2011年中国核心版权产业商品出口额为53.27亿美元，占全国海关商品出口总额的0.28%。

2012年中国核心版权产业商品出口额为41.10亿美元，占全国海关商品出口总额的0.20%。

表2-3　2011~2012年中国核心版权产业商品出口额

	2011年 商品出口额（万美元）	2011年 比重（%）	2012年 商品出口额（万美元）	2012年 比重（%）
文字作品（含数字出版）	293859.83	0.15	324107.03	0.16
音乐、戏剧制作、曲艺、舞蹈和杂技	63.22	0.00	29.83	0.00
电影和影带	29852.93	0.02	31623.48	0.02
广播电视	—	—	—	—
摄影	83.33	0.00	206.24	0.00
软件和数据库	170747.05	0.09	871.27	0.00
美术与建筑设计、图形和模型作品	38135.30	0.02	54137.41	0.03
广告服务	—	—	—	—
版权集体管理与服务	—	—	—	—

注：①文字作品包含数字出版；

②比重是指商品出口额占全国海关商品出口总额的百分比。

(二) 服务贸易出口额

2011年中国核心版权产业的服务贸易出口额为82.83亿美元，占全国服务贸易出口总额的4.53%。限于数据来源，仅包括软件和数据库、版权使用费、广告与宣传、电影与音像四项,其出口额分别为40.67亿美元(推算)、1.17亿美元(推算)、40.00亿美元、1.00亿美元。

2012年中国核心版权产业的服务贸易出口额为99.00亿美元,占全国服务贸易出口总额的5.17%。限于数据来源,仅包括软件和数据库、版权使用费、广告与宣传、电影与音像四项,其出口额分别为48.33亿美元(推算)、1.67亿美元(推算)、48.00亿美元、1.00亿美元。

表2-4　2011~2012年中国核心版权产业服务贸易出口额

	服务贸易出口额(亿美元)	
	2011年	2012年
软件和数据库	40.67	48.33
版权使用费	1.17	1.67
广告、宣传	40.00	48.00
电影、音像	1.00	1.00
合计	82.83	99.00
全国服务贸易出口总额比重	4.53%	5.17%

数据来源:国家外汇管理局《中国国际收支平衡表》

通过上述数据可以看出,2011~2012年中国核心版权产业的海关商品出口额、服务贸易出口额及其占当年海关商品出口总额、服务贸易出口总额的比重都较低,说明中国核心版权产业的出口仍在较低水平,但每一年度的出口值均为持续增长的态势。

第三章 2008~2012年中国版权产业的纵向比较

研究结果表明，2008~2012年五年间，中国版权产业的经济贡献一直保持平稳增长态势，行业增加值、就业人数、商品出口额都连年递增。

一、行业增加值的比较

2008年中国版权产业的行业增加值为19568.40亿元人民币，占全国GDP的6.51%，到2012年增长到35674.15亿元人民币，占全国GDP的6.87%，总量增加了16105.75亿元人民币，平均年增速16.20%。2008~2012年各年度行业增加值详见表3-1。

其中，与版权关系最为密切的核心版权产业发展较快，明显高于其他产业组。2008~2012年五年间，中国核心版权产业的行业增加值从10240.42亿元人民币、占全国GDP的3.41%，增长至20598.19亿元人民币、占全国GDP的3.97%，总量增加了10357.77亿元人民币，翻了一番多，平均年增速19.09%，超过了全部版权产业的发展速度。可以看出，中国核心版权产业对全部版权产业的经济贡献最大。

表 3-1　2008~2012 年中国版权产业的行业增加值

年度 指标 分类	2008年 数值（亿元人民币）	比重（%）	2009年 数值（亿元人民币）	比重（%）	2010年 数值（亿元人民币）	比重（%）	2011年 数值（亿元人民币）	比重（%）	2012年 数值（亿元人民币）	比重（%）
核心版权产业	10240.42	3.41	11928.04	3.50	14141.04	3.52	17161.81	3.63	20598.19	3.97
相互依存的版权产业	4705.23	1.56	4921.46	1.45	5764.68	1.44	6642.33	1.40	6919.89	1.33
部分版权产业	1889.74	0.63	2187.06	0.64	2620.25	0.65	3107.34	0.66	3421.78	0.66
非专用支持产业	2733.00	0.91	3261.42	0.96	3844.28	0.96	4617.50	0.98	4734.29	0.91
合计	19568.40	6.51	22297.98	6.55	26370.26	6.57	31528.98	6.67	35674.15	6.87

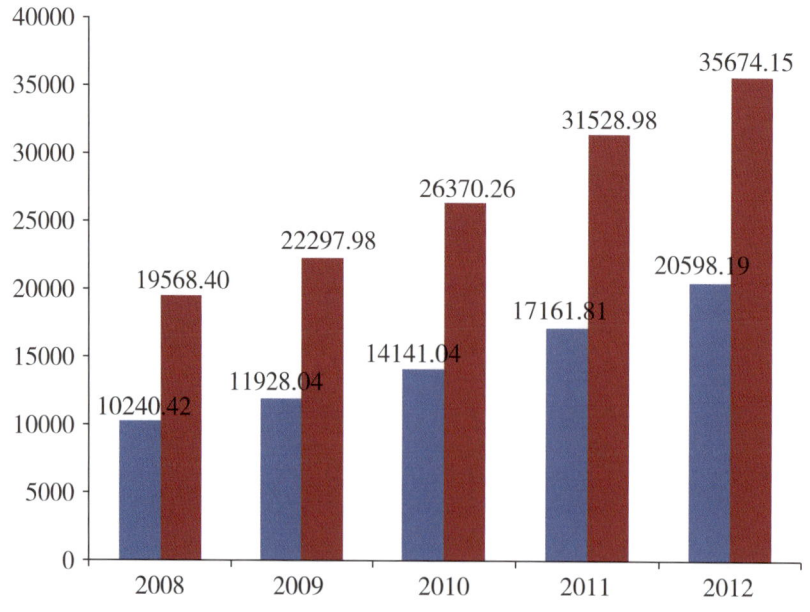

图 3-1　2008~2012 年中国版权产业的行业增加值（单位：亿元人民币）

二、就业人数的比较

2008年中国版权产业的就业人数为946.57万人，占全国城镇单位就业总人数的7.76%，到2012年增长至1246.48万人，占全国城镇单位就业总人数的8.18%，总量增加了299.91万人，平均年增速7.12%。2008~2012年各年度就业人数详见表3-2。

其中，中国核心版权产业的就业人数从2008年的476.00万人、占全国城镇单位就业总人数的3.90%，增长至2012年的616.06万人、占全国城镇单位就业总人数的4.04%，总人数增加了140.06万人，平均年增速6.66%。可以看出，中国核心版权产业对全部版权产业的就业贡献最大。

表3-2 2008~2012年中国版权产业的就业人数

年度 指标分类	2008年 人数（万人）	2008年 比重（%）	2009年 人数（万人）	2009年 比重（%）	2010年 人数（万人）	2010年 比重（%）	2011年 人数（万人）	2011年 比重（%）	2012年 人数（万人）	2012年 比重（%）
核心版权产业	476.00	3.90	506.23	4.03	534.79	4.10	587.03	4.07	616.06	4.04
相互依存的版权产业	269.89	2.21	275.35	2.19	286.91	2.20	324.37	2.25	339.61	2.23
部分版权产业	105.30	0.86	112.61	0.90	119.90	0.92	154.05	1.07	174.24	1.14
非专用支持产业	95.38	0.78	97.21	0.77	99.94	0.77	113.18	0.79	116.57	0.77
合计	946.57	7.76	991.40	7.89	1041.54	7.98	1178.62	8.18	1246.48	8.18

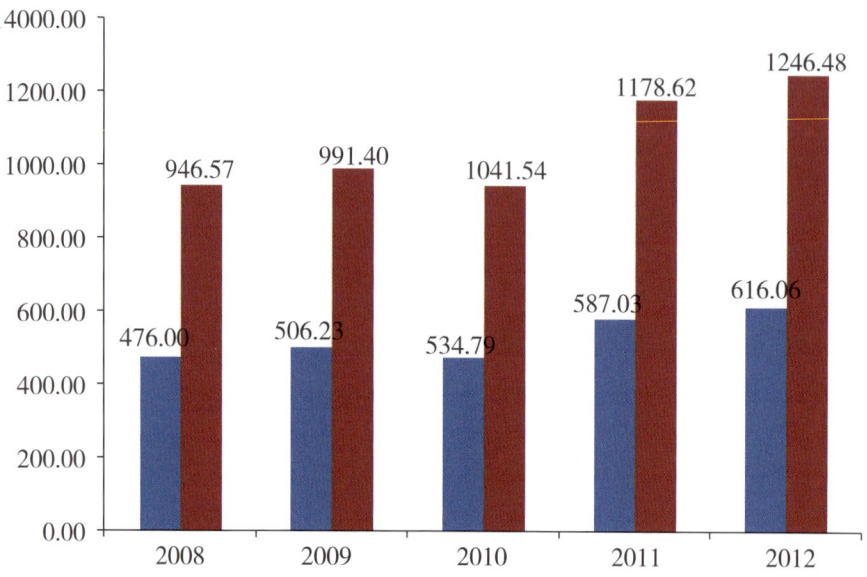

图 3-2 2008~2012 年中国版权产业的就业人数（单位：万人）

三、出口额的比较

2008 年中国版权产业的海关统计商品出口额为 2283.76 亿美元，占全国商品出口总额的 15.96%，到 2012 年增长至 2960.03 亿美元，占全国商品出口总额的 14.45%，五年间增加了 676.27 亿美元，平均年增长率 6.70%。2008~2012 年各年度商品出口额详见表 3-3。

其中，相互依存的版权产业商品出口额贡献最大，占全部版权产业商品出口额的比重在 90% 以上，从 2008 年的 2064.54 亿美元增长至 2012 年的 2676.66 亿美元，五年间增加了 612.12 亿美元，平均年增长率为 6.71%。说明中国版权产业的商品出口仍以制造业为主。

表 3-3　2008~2012 年中国版权产业的海关商品出口额

年度 指标分类	2008年 数值（亿美元）	比重（%）	2009年 数值（亿美元）	比重（%）	2010年 数值（亿美元）	比重（%）	2011年 数值（亿美元）	比重（%）	2012年 数值（亿美元）	比重（%）
核心版权产业	42.35	0.30	41.16	0.34	41.90	0.27	53.27	0.28	41.10	0.20
相互依存的版权产业	2064.54	14.43	1917.90	15.96	2450.77	15.53	2586.41	13.62	2676.66	13.07
部分版权产业	176.87	1.24	144.11	1.20	170.28	1.08	219.93	1.16	242.27	1.18
合计	2283.76	15.96	2103.17	17.50	2662.96	16.88	2859.62	15.06	2960.03	14.45

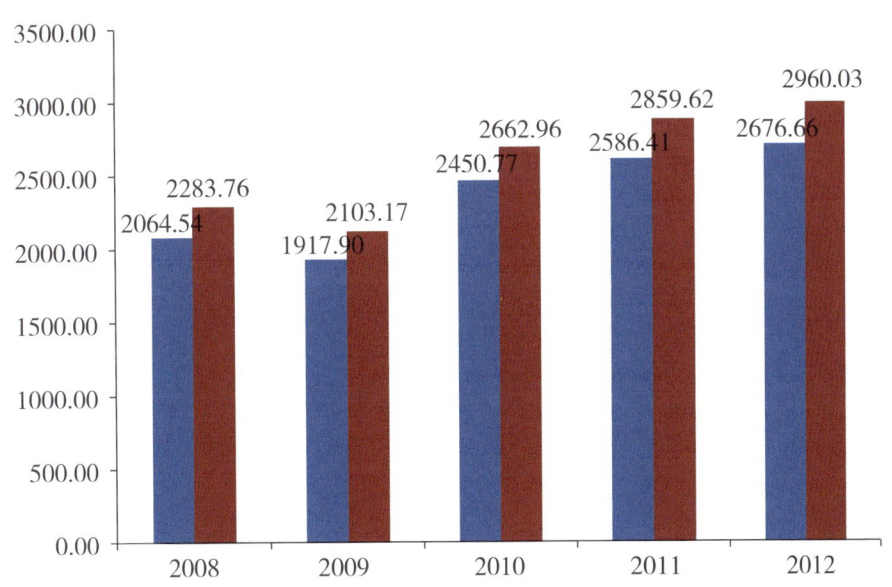

图 3-3　2008~2012 年中国版权产业的海关商品出口额（单位：亿美元）

第四章 中国与世界其他国家版权产业的横向比较

自 2003 年世界知识产权组织（WIPO）出版《版权产业的经济贡献调研指南》以来，截止到 2013 年 12 月，世界上已至少有 42 个国家采用 WIPO 提供的方法对本国版权产业的经济贡献进行测算。但由于各国版权法保护范围、程度的不同，及各国研究中所确定的版权产业范围、分类数据采集与测算方法的差异，国际对比仍"举步维艰"[1]。

一、中国与世界其他国家版权产业经济贡献的比较

根据 WIPO 于 2014 年出版的报告《WIPO Studies On The Economic Contribution Of The Copyright Industries》，在已开展调研的国家中，各国版权产业行业增加值对 GDP 的贡献率差异明显，从超过 11%（美国）到低于 2%（文莱）之间不等，平均贡献率为 5.18%，其中有 3/4 的国家版权产业对 GDP 的贡献率在 4%~6.5% 之间[2]。2012 年中国版权产业的行业

---

[1] 世界知识产权组织. 版权产业的经济贡献调研指南. 北京：法律出版社，2006:12.
[2] 需要说明的是，多数国家仅开展过一次版权产业经济贡献调研，因此只能对各个国家不同年度的数据进行比较。

第四章 中国与世界其他国家版权产业的横向比较　33

增加值对 GDP 的贡献率为 6.87%，在世界平均线以上，在已经开展调研的国家中处于较高水平。超过中国的只有美国（11.46%）、韩国（9.89%）、匈牙利（7.42%）等国。世界主要国家版权产业的行业增加值占全国 GDP 的比重数据详见图 4-1。

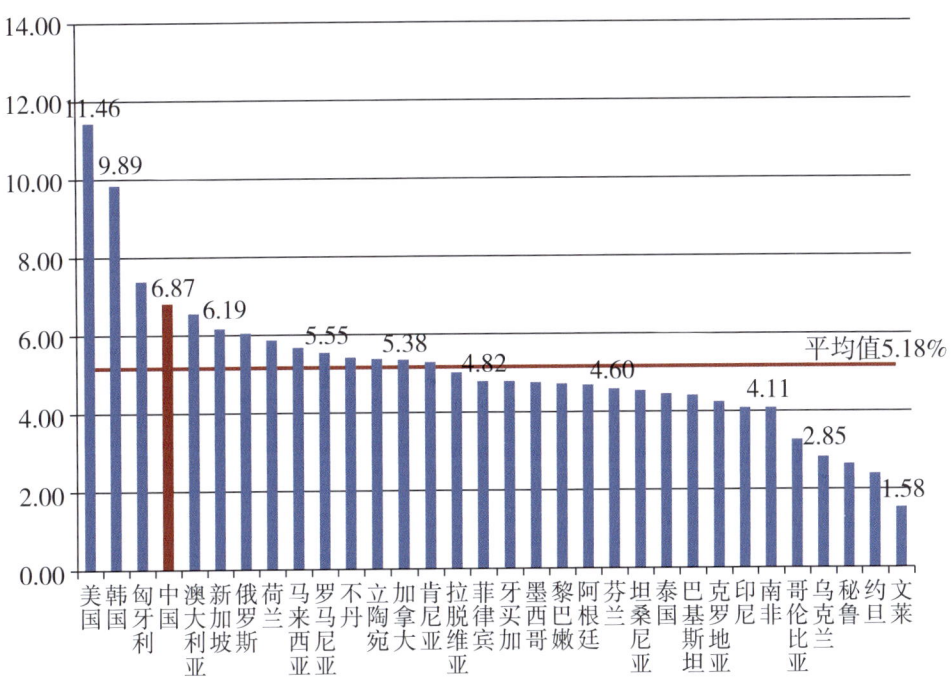

图 4-1　世界主要国家版权产业行业增加值比重（%）[①]

以核心版权产业的比重来看，中国核心版权产业行业增加值占 GDP 的比重为 3.97%，仍超过世界平均值（2.77%），却远低于美国的 6.72%，其他高于中国的国家还包括澳大利亚（4.80%）、匈牙利（4.21%）、荷

[①] 其中美国数据来源于 2014 年公布的《美国经济中的版权产业（2014 年报告）》，其他国家数据来源于 2014 年 WIPO 出版的报告《WIPO Studies on The Economic Contribution of The Copyright Industries》，中国数据为 2012 年度数据，下同。

兰（4.00%）和加拿大（3.99%）等。世界主要国家核心版权产业的行业增加值占GDP的比重数据详见图4-2。

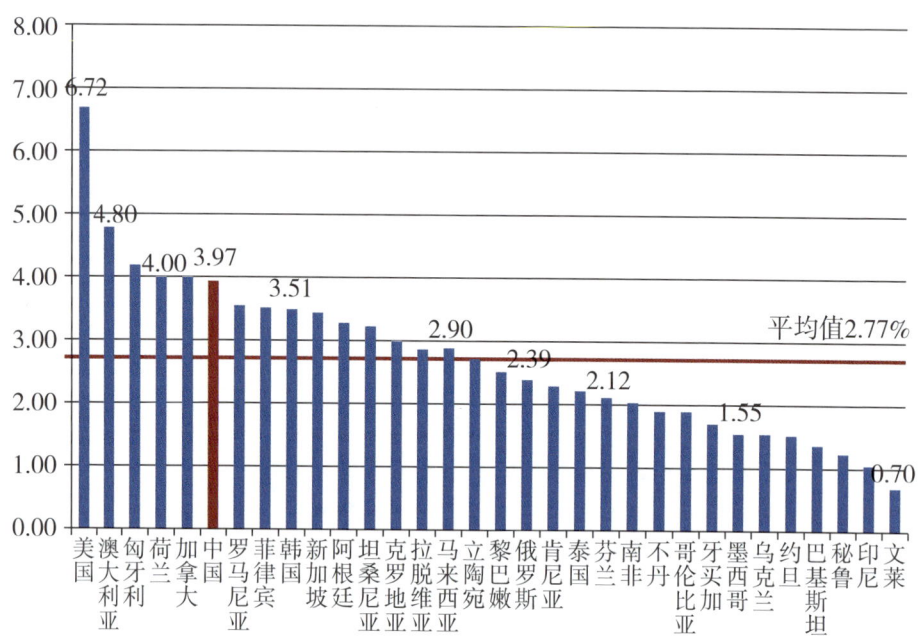

图4-2 世界主要国家核心版权产业行业增加值比重（%）

在就业人数方面，已开展调研的国家中版权产业就业人数占全国就业人数的比重平均值为5.32%，近3/4的国家比重在4%~7%之间。其中，墨西哥和菲律宾版权产业的就业人数比重最高，均超过了11%。2012年中国版权产业就业人数占全国的比重为8.18%，在世界平均线之上。世界主要国家版权产业的就业人数占全国就业人数的比重数据详见图4-3。

第四章　中国与世界其他国家版权产业的横向比较　35

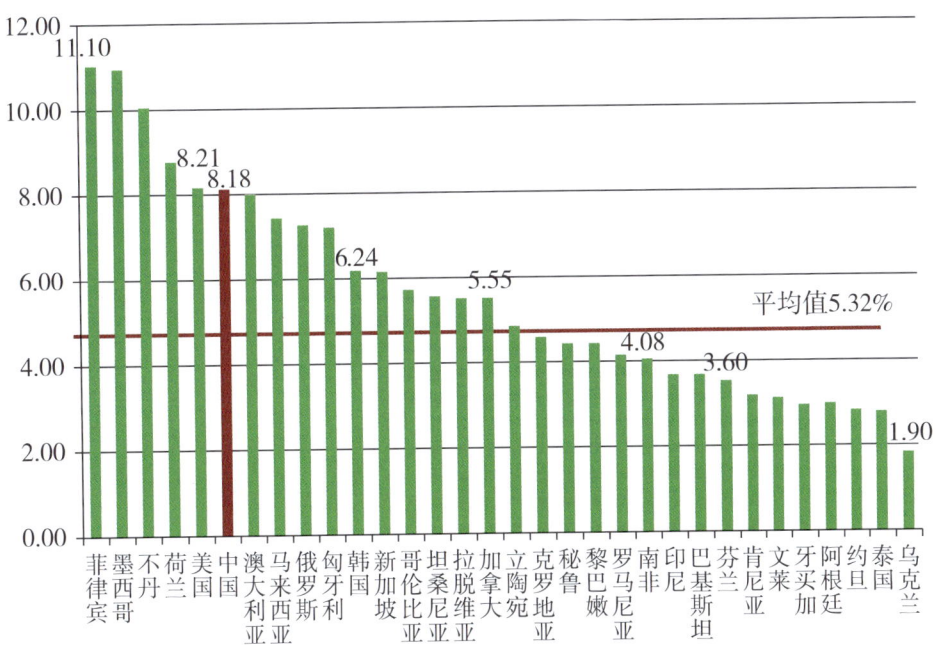

图 4-3　世界主要国家版权产业就业人数比重（%）

WIPO 根据各国行业增加值与就业人数比重之间的比例关系，计算出各国版权产业的劳动生产率指数。以 100 为基准，当一国的劳动生产率指数越高则表明该国版权产业通过投入较少的劳动力创造了更多的产出[①]。WIPO 根据该指数将各国划分为版权产业劳动生产率较高的国家、中等国家和较低的国家三类。其中，巴拿马、韩国、泰国、美国等国属于指数较高的国家，新加坡、中国、加拿大、澳大利亚等国属于中等国家，菲律宾、墨西哥等国则属于指数较低的国家。世界主要国家版权产业的劳动生产率

---

① 需要注意的是，劳动生产率指数较高国家的版权产业行业增加值占该国 GDP 比重并不一定比指数低的国家要高。指数较高表明的是单位劳动力创造较多的货币价值，有时也可以解释为创意部门的就业人数有一个相对低的比重。

指数详见图4-4。

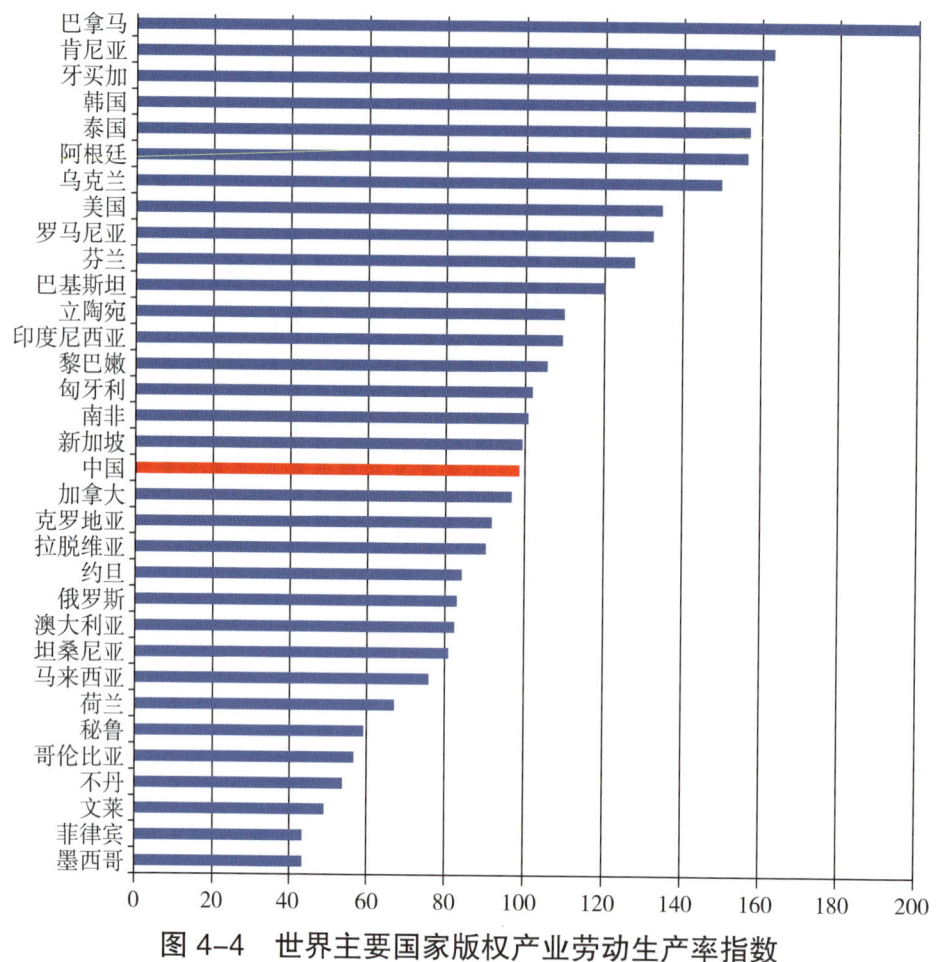

图4-4 世界主要国家版权产业劳动生产率指数

通过以上各国数据对比可以看出，中国版权产业对GDP和就业人数的贡献在各调研国中处于较高水平，为国民经济提供了较高的贡献率，也提供了较多的就业机会。但中国与美国等发达国家相比还有较大的差距，仍属于版权产业劳动生产率中等国家，中国版权产业的经济贡献仍有进一步提升的空间。

二、中国与美国版权产业经济贡献的比较

（一）2011~2012年美国版权产业的经济贡献

美国于2014年公布了其版权产业调研的第15份报告《美国经济中的版权产业（2014年报告）》，其中发布了2011~2012年美国版权产业的经济贡献数据。

表4-1　2011~2012年美国版权产业的行业增加值

（单位：亿美元）

	2011年	2012年
核心版权产业	10300	10922
全美GDP	155338	162446
核心版权产业占GDP比重	6.63%	6.72%
全部版权产业	17699	18623
全美GDP	155338	162446
全部版权产业占GDP比重	11.39%	11.46%

根据该调研报告的数据显示，2011年美国版权产业的行业增加值为17699亿美元，占美国GDP的11.39%，其中，核心版权产业10300亿美元，占美国GDP的6.63%。2012年美国版权产业的行业增加值为18623亿美元，占美国GDP的11.46%，其中核心版权产业的行业增加值为10922亿美元，占美国GDP的6.72%。

实际上，美国版权产业一直在美国经济中发挥着重要作用，各年度行业增加值的实际增长率一直远高于全美GDP。如表4-2。

表 4-2　美国版权产业行业增加值与 GDP 实际增长率

	2009—2010 年	2010—2011 年	2011—2012 年
核心版权产业	4.00%	3.81%	5.45%
全部版权产业	4.32%	3.23%	4.16%
全美 GDP	2.51%	1.85%	2.78%

在就业方面，2011 年美国版权产业的就业人数为 1080.35 万人，占全国就业人数的 8.22%，占全国私营企业就业人数的 9.87%；其中核心版权产业的就业人数为 527.28 万人，占全国就业人数的 4.01%，占全国私营企业就业人数的 4.82%；美国版权产业就业人员的平均薪酬为 74383.20 美元，其中核心版权产业就业人员的平均薪酬为 83515.77 美元，均高于全国平均薪酬 63016.27 美元。

2012 年美国版权产业的就业人数为 1098.13 万人，占全国就业人数的 8.21%，占全国私营企业就业人数的 9.82%；其中核心版权产业的就业人数为 537.17 万人，占全国就业人数的 4.02%，占全国私营企业就业人数的 4.80%；美国版权产业就业人员的平均薪酬为 76502.33 美元，核心版权产业就业人员的平均薪酬为 86255.34 美元，全国平均薪酬为 64455.12 美元。美国版权产业就业人员的平均薪酬历年来一直高于全国平均薪酬。

表 4-3　2011~2012 年美国版权产业的就业人数

（单位：万人）

	2011 年	2012 年
核心版权产业	527.28	537.17
全美就业人数	13149.98	13373.62

（续表）

	2011年	2012年
核心版权产业占全国比重	4.01%	4.02%
全部版权产业	1080.35	1098.13
全美就业人数	13149.98	13373.62
全部版权产业占全国比重	8.22%	8.21%

在对外出口方面，美国版权产品对世界的出口一直在不断增长。如表4-4，2012年美国核心版权产业的四个主要行业部门图书报纸期刊产业、录音产业、电影电视录像产业、计算机软件产业对外销售和出口额为1453.3亿美元，其中计算机软件产业1097.0亿美元，电影电视录像产业247.8亿美元，录音产业64.3亿美元，图书报纸期刊产业44.2亿美元。美国核心版权产业的对外销售和出口额一直保持增长态势，2010年和2011年增长率分别为3.46%和6.00%，虽然2012年有所回落，但仍保持了2.31%的增长率。与航空航天产品及配件、农产品、食品及类似产品、药品等其他主要行业相比，美国核心版权产业的对外销售和出口额一直处于较高水平。

表4-4 美国核心版权产业与部分产业出口额的对比

（单位：亿美元）

产 业	2012年
核心版权产业（录音、影视录像、计算机软件和书报刊）	1453
化学产品（不包含药品）	1463
航空航天产品及其配件	1184
农产品	709
食品及类似产品	649
药 品	512

(二) 中美版权产业经济贡献的比较

根据上述报的数据，2012年美国版权产业的行业增加值为18623亿美元，占美国GDP的11.46%，其中核心版权产业的行业增加值为10922亿美元，占美国GDP的6.72%。而2012年中国版权产业的行业增加值为35674.15亿元人民币（约合5815亿美元[①]），占全国GDP的6.87%；其中，核心版权产业20598.19亿元人民币（约合3358亿美元），占全国GDP的3.97%。全部版权产业及核心版权产业行业增加值分别仅为美国的1/3。上述数据表明，无论是行业增加值的绝对值还是其占GDP的比重，中国版权产业与美国相比仍存在较大差距。

表4-5　中美核心版权产业与全部版权产业行业增加值对比

	中国		中国		美国		美国	
	核心版权产业		全部版权产业		核心版权产业		全部版权产业	
	数值（亿元人民币）	比重（%）	数值（亿元人民币）	比重（%）	数值（亿美元）	比重（%）	数值（亿美元）	比重（%）
2011年	17161.81	3.63	31528.98	6.67	10300	6.63	17699	11.39
2012年	20598.19	3.97	35674.15	6.87	10922	6.72	18623	11.46

在就业人数方面，中美两国无论是核心版权产业还是全部版权产业差距较小。如表4-6，2012年，美国版权产业的就业人数为1098.13万人，占全国就业人数的8.21%，其中核心版权产业的就业人数为537.17万人，占全国就业人数的4.02%；而中国版权产业的就业人数为1246.48万人，

[①] 按人民币对美元0.163的汇率换算，下同。

占全国就业人数的8.18%，其中，核心版权产业616.06万人，占全国就业人数的4.04%。但结合行业增加值指标来看，中美两国版权产业的就业人数大体相当，美国版权产业的行业增加值却是中国的3倍，说明美国版权产业劳动生产率指数高于中国，也说明中国版权产业的集约程度和生产率较低，劳动密集型的产业特征仍较明显。

表4-6 中美核心版权产业与全部版权产业就业人数对比

	中国				美国			
	核心版权产业		全部版权产业		核心版权产业		全部版权产业	
	就业人数（万人）	比重（%）	就业人数（万人）	比重（%）	就业人数（万人）	比重（%）	就业人数（万人）	比重（%）
2011年	587.03	4.07	1178.62	8.18	527.28	4.01	1080.35	8.22
2012年	616.06	4.04	1246.48	8.18	537.17	4.02	1098.13	8.21

在核心版权产业的出口额方面，中国与美国的差距也很大。2012年美国几个重要的核心版权产业部门——出版产业、录音产业、影视录像产业和计算机软件产业的对外销售和出口额为1453.3亿美元，而同年中国核心版权产业货物和服务出口总额为140.10亿美元，仅为美国的1/10。可以看出，中国核心版权产业的出口额与美国相比差距巨大，中国版权产品走出去仍然任重道远。

第五章 中国版权产业的综合分析

2011~2012年两年来，中国版权产业继续保持平稳健康发展，行业增加值、就业人数、商品出口额三项指标的数据表明，中国版权产业在促进经济发展、创造就业机会、扩大对外贸易方面发挥着越来越重要的作用。

2011年，中国版权产业对国民经济的贡献已达6.67%，创造了31528.98亿元人民币的行业增加值，提供了超过1178万个就业岗位，并向海外出口了2859.62亿美元的商品。其中核心版权产业的行业增加值为17161.81亿元人民币，占全部版权产业的54.43%。

2012年，中国版权产业对国民经济的贡献已达6.87%，创造了35674.15亿元人民币的行业增加值，提供了超过1246万个就业岗位，并向海外出口了2960.03亿美元的商品。这其中，核心版权产业在中国版权产业中发挥着至关重要的作用。核心版权产业的行业增加值在2012年突破2万亿元人民币，达20598.19亿元人民币，占全部版权产业的一半以上，比2008年增加了10357.77亿元人民币，五年间翻了一番还要多，五年间平均年增速达19.09%。软件和数据库、新闻出版、广播影视等作为对版权依赖程度最高的行业，发展势头迅猛，是版权产业中比重较大、增长最快的几个产业组。中国版权产业的就业人数也从2008年的946.57万人、占全国就业人数的 7.76%，增长至 2012 年的 1246.48 万人、占全国就业人数的 8.18%。

中国版权产业的经济贡献得益于不断完善的版权创造、运用、保护、管理体制。

2011 年底，国家版权局下发了《关于进一步规范作品登记程序等有关工作的通知》，从作品登记申请受理、审查、时限、证书内容、登记表证格式、信息统计等方面对作品登记制度做了详细规定，要求在全国范围统一作品登记程序、统一作品登记证书格式内容、及时统计作品登记信息，并建立全国作品登记信息数据库，以便统一公告、查询。负责全国版权登记工作的中国版权保护中心据此创建了"全国作品著作权登记数据库及公告查询网站"平台，实现了全国各登记机构的登记数据按要求格式统一报送、汇总，形成了全国作品登记数据库，建立了全国统一的作品著作权登记体系。2012 年，全国作品登记总量为 687651 件，较 2011 年增长 49.05%，计算机软件著作权登记量达 139228 件，同比增长 27.33%，著作权质权登记 146 件，质押金额总计 27.51 亿元。著作权登记数量大幅增长反映出，我国文化创造力的不断提升和公众版权意识的不断加强，也表明版权相关企业对加大版权保护、版权运用和版权管理，以及以版权作为核心资产进行融资等方面的需求日益强烈。

在行政执法监管方面，2012 年 7 月至 10 月底，国家版权局、公安部、工信部、国家互联网信息办公室联合开展了第八次打击网络侵权盗版专项治理"剑网行动"。此次行动主要针对提供作品、表演、录音录像制品等内容的网站、提供存储空间或搜索链接服务的网站以及提供网络交易平台的网站中存在的侵权盗版行为进行专项治理。行动中，各地共查办网络侵权盗版案件282起，其中行政结案210起，移送司法机关追究刑事责任72起，没收服务器及相关设备93台，关闭网站129家。此次行动进一步维护了网络版权秩序，对正处于快速发展期的网络产业提供了良好的发展环境。

在立法方面，《著作权法》第三次修订在2012年继续引发全社会的关注，送审稿于年底正式呈报国务院，标志着此次修法工作取得突破性进展。本次修订工作以专函的形式向立法、司法、行政机关及相关社会团体定向征求意见，并通过网络、座谈会和媒体互动会广泛征求社会各界的意见和建议，被认为是"开门立法、阳光立法"的创举，引起了社会各界对版权立法工作的高度关注。送审稿对著作权保护的权利客体、权利内容、权利归属和权利保护期等方面进行了修改，提高了权利客体的法律地位，增加了追续权、表演者的出租权等权利内容，扩大了权利人主张权利的范围，提高了侵权责任的法定赔偿数额，增加了著作权行政管理部门查封扣押权的执法手段，设计了延伸著作权集体管理制度。本次修法工作科学合理地调整和规范版权创造、运用和消费的权利义务关系，将进一步推动和促进版权产业的发展。

在司法方面，最高人民法院于2012年11月26日通过了《关于审理侵害信息网络传播权民事纠纷案件适用法律若干问题的规定》，自2013年1月1日起实施。该司法解释主要对人民法院在审理信息网络传播权纠纷案中行使自由裁量权的原则，侵害信息网络传播权行为的构成，网络服务提供者的教唆侵权、帮助侵权，司法实践中较为常见的信息存储空间网络服务提供者应知网络用户侵害信息网络传播权的判定标准以及人民法院对此类案件的管辖等问题进行了规定。该司法解释将为正确审理侵害信息网络传播权民事纠纷案件，依法保护信息网络传播权，促进信息网络产业健康发展提供支持。

在版权国际交往方面，2012年6月20日至26日，由世界知识产权组织主办、中国国家版权局和北京市人民政府共同承办的保护音像表演外交会议在北京成功举办。本次外交会议正式签署了《视听表演北京条约》。这是新中国成立以来首次承办的涉及国际版权条约缔结的外交会议。《视听表演北京条约》的签署，填补了视听表演领域国际版权条约的空白，进一步完善了国际版权保护体系，是世界知识产权组织在版权保护方面的重要里程碑，也是世界对中国版权保护工作的肯定。

在看到成就的同时，我们也应该意识到中国版权产业仍然面临着一些问题。

一是版权产业的经济贡献与发达国家特别是美国相比仍有较大差距。2012年，中国版权产业的行业增加值35674.15亿元人民币，约合5815亿美元，占全国GDP的6.87%，增加值仅为同期美国版权产业的1/3。在出口方面，2012年中国核心版权产业货物和服务出口总额为140.10亿美元，而美国核心版权产业四个主要产业部门的对外销售和出口额为1453.3亿美元，是中国的10倍。可以看出，中国版权产业与美国相比仍存在较大差距。

二是版权产业的劳动生产率水平不高。虽然中国版权产业的行业增加值占GDP的比重在2012年已经达到6.87%，在调研各国中处于领先水平，但结合就业人数指标来看，根据WIPO公布的各国版权产业劳动生产率指数，中国版权产业劳动生产率在世界中处于中等水平，意味着中国版权产业单位从业人员创造的价值并不高，仍带有明显的劳动密集型产业特征，说明中国版权产业的劳动生产力水平仍较低。

三是版权产业的出口结构不平衡。2012年中国版权产业的商品出口额为2960.03亿美元，其中相互依存的版权产业为2676.66亿美元，占全部版权产业的90%，核心版权产业的商品出口额不到全部版权产业的2%。中国版权产业的商品出口仍以制造业为主。

通过"中国版权产业的经济贡献调研"项目的研究成果可以看出，中国版权产业在近年来一直保持着快速发展，进入"十二五"时期，版权产业也正处在产业结构调整的重要转型期，本项目作为中国版权产业的经济晴雨表更加彰显了它的重要作用。

专题报告

充分发挥示范作用 大力推动版权工作
——全国版权示范城市、示范单位和
示范园区（基地）发展报告

为推进文化创新、增强文化发展活力、充分发挥相关城市、单位、园区（基地）在版权创造、运用、保护和管理方面的示范作用，国家版权局于2009年出台了《全国版权示范城市、示范单位和示范园区（基地）管理办法》（以下简称《办法》），并于2010年开始实施。该《办法》规范了对全国版权示范城市、示范单位和示范园区（基地）的建设与管理，在加强版权保护，促进版权产业发展，推动科技、文化、艺术创新等方面发挥了积极作用。2013年9月，国家版权局修订了《全国版权示范城市、示范单位和示范园区（基地）管理办法》。《办法》实施以来，在全国范围内创建了一批具有鲜明特色的版权示范城市、单位、园区（基地）。

这些城市与单位牢牢抓住版权工作这条线，成为鼓励创新、加强版权保护以及推动版权产业发展的有力推手，在促进经济、文化、科技和社会全面发展，特别是提升城市、区域创新能力方面发挥了重要作用。

为更好地宣传、发挥全国版权示范城市、示范单位和示范园区（基地）的示范作用，本报告选取了十余家全国版权示范城市、示范单位和示范园区（基地）。通过对其版权相关工作的业务、经验、做法进行介绍，更为直观、具体地展现我国版权产业发展的现状与成就，为我国版权产业的健康发展提供参考。

第一章　全国版权示范城市

广东广州：以匠工之心　创版权示范

2013年12月9日，国家版权局在广州市举行了全国版权示范城市授牌仪式，广州市副市长欧阳卫民从国家新闻出版广电总局副局长聂辰席手中接过"全国版权示范城市"牌匾，标志着广州市成为广东省首个创建成功的全国版权示范城市，也标志着广州的版权工作翻开了新篇章。

建立专业公益机构　提升版权服务水平

2013年，作为广州市创建"全国版权示范城市"的重要成果之一的广州市版权保护中心正式成立并开展工作。中心就版权保护在宣传、咨询、调研、为著作权人登记服务等方面发挥了重要作用。从著作权登记代办以零开始，至今超过万件，获得2015年度广东省版权局代办机构代办量第一名。同时，中心与版权相关企业、单位建立了良好的服务渠道，为其在版权经营管理、维护权益方面提供帮助。

打造版权贸易基地　构筑版权交易平台

2014年5月,国家版权局授予广州市越秀区为国家版权贸易基地。2015年11月,国家版权贸易基地(越秀)交易平台正式上线。该平台最大的特色在于以法律维权手段促进交易和版权产业化(金融化),公、检、法等部门都有工作人员驻场办公,为版权企业构建绿色通道。目前该基地已与21家律师事务所签约合作,超过5000名律师为版权企业提供法律服务。

成立知识产权法院　法治改革先行先试

2014年12月,广州知识产权法院在广州正式挂牌成立。广州知识产权法院是经党中央、全国人大常委会、最高人民法院批准设立的全国三家知识产权法院之一。广州知识产权法院的成立很好地满足了知识产权司法保护的旺盛需求,为深入实施国家创新驱动发展战略提供了强有力的司法保障。

积极办理盗版案件　加强执法经验交流

广州在做好版权保护工作的同时,及时办理各类侵权盗版案件(含国家版权局督办案件)。为提升版权行政执法与办案水平,广州市版权局注重加强与珠三角地区兄弟城市的经验交流,牵头举办相关座谈会、培训班等,提高人员的业务素质和案件处理能力。此外,还积极推进政府机关、国有企业和民营企业软件正版化工作,完善软件正版化工作的长效机制。

积极举办专业展会　　推动版权产业发展

2015年广州市成功举办了"广州国际文物博物馆版权交易博览会",该博览会成功吸引了一百多家文物博物馆企事业的参与,4天之内58300名观众进场观摩,引导文博单位规范开发馆藏版权,强力推进版权交易,开启了高端交流文博版权开发利用的新篇章。2016年12月,广州还举办了"第六届中国国际版权博览会",进一步探索和构建了版权公共服务和社会参与体系,提高了版权创造、运用、保护和管理水平。

福建厦门：海峡两岸版权交流的窗口

厦门市自 2011 年 1 月开始创建全国版权示范城市，以此为抓手，不断拓展版权工作领域，提升版权工作水平。全市社会公众的版权意识、企业创新能力、产业发展环境和城市核心竞争力显著提升。

政府高度重视　强化政策导向

厦门将版权工作逐步纳入全市国民经济和社会发展规划。强调版权创新与保护的重要作用，支持现代著作权保护技术开发应用，并加大资金投入，设立创建全国版权示范城市、著作权保护宣传月、企业软件正版化、参展中国国际版权博览会、版权行政执法等专项经费。鼓励原创作品出版，为文化产业创新发展创造了良好条件。近年来，厦门陆续开展了《厦门市版权产业发展现状及对策建议》等十余项版权相关课题调研，并正式出版了《厦门市版权产业发展与版权保护》专著。

优化版权服务　助推产业发展

为进一步完善版权社会服务体系，厦门在全省率先成立了版权协会。

2011年4月，厦门市版权服务中心正式成立，设在市软件园二期。2013年6月，国家海峡版权交易中心落户厦门，逐步打造成海峡两岸版权交易与贸易平台。政府对版权服务等中介机构予以财政、税收、融资、土地、人才等扶持政策。厦门版权作品自愿登记数量稳步增长，总登记量约占全省的25%，在全省居于前列。2013年全市作品自愿登记数量达3292件，比前一年增长了近20%。

健全工作机制　加强版权保护

厦门市版权局、综合执法队、工商局、公安局、法院等相关部门建立了维权、查处侵权的专项工作机制。市中级人民法院成立了专门审理知识产权案件的民三庭。仲裁委员会率先成立了国内第一个知识产权仲裁中心，积极探索解决知识产权纠纷的第三条有效途径。2011年以来，厦门着力查处重点案件，近两年共集中销毁侵权盗版等各类非法出版物品27万余件。2013年，市版权局、市文化市场综合执法支队会同、协助公安等部门查办21起侵犯著作权案和9起销售盗版音像制品案。

加大宣传教育　提升认知水平

为加大版权宣传力度，厦门自2004年起已连续举办十届"著作权保护宣传月"活动，同时开展版权"走进校园""走进读者""走进企业""走进市民"等系列活动90余项。厦门电视台、厦门移动电视、城市T频道等电视媒体播放"创建全国版权示范城市"宣传公益广告。市新闻出版（版权）行政管理部门荣获"全国新闻出版系统四五普法先进单位""厦门市四五普法先进个人"等荣誉。厦门日报荣获"全国著作权好新闻评选"三等奖。逐步形成了"政府主导、全民参与、企业互动、媒体联动"的宣传格局。

加强组织协调　推进软件正版化

2005年底,厦门市、区两级政府机关实现了软件正版化。2010年以来,按照国务院通知要求,厦门积极推进使用正版软件检查整改工作,对厦门市政府部门使用计算机及软件情况进行了全面核查和实地抽查。多次举行正版化软件采购资金与采购方案的专题会议。彻底把政府机关使用正版软件工作纳入常态化、规范化、制度化的管理轨道。除政府部门外,厦门市相关部门共同推进了近百家企业完成软件正版化工作。

通过厦门的不断努力,一批批产业带、产业集群、产业园区初具规模,逐渐成为厦门经济增长的新引擎。版权在推进厦门经济社会全面协调发展中的创新驱动作用不断加强,版权产业在厦门经济发展中展现了良好的发展势头。

江苏苏州：推进示范城市创建　促进版权产业发展

苏州市自 2011 年 1 月起开展创建全国版权示范城市工作，2013 年 1 月被国家版权局授予"全国版权示范城市"称号，成为首个跨入全国版权示范城市行列的地级城市。在版权工作方面，苏州主要有以下特点。

加强组织领导　完善政策推动

建立健全版权工作协调机制。相继成立了包括苏州市政府知识产权联席会议、市使用正版软件工作领导小组、市打击侵犯知识产权和制售假冒伪劣商品工作领导小组等一系列版权组织协调机构，定期研究决定版权重大事项，协调全市版权工作。将全市版权工作和版权事业发展编进 2011 年《苏州市知识产权"十二五"发展规划》。

制定实施一系列版权创造、运用与管理政策。相继制定出台《苏州市知识产权专项资金管理办法》《苏州市作品著作权登记资助办法》《苏州市知识产权密集型企业培育计划项目管理办法》《苏州市知识产权质押贷款扶持资金管理办法》《苏州市软件正版化推进计划项目管理办法》等政策，加强对全市版权工作的引导与推动。

进一步完善版权管理体制。苏州市版权局将原在政策法规处挂牌的行政执法处独立设置，赋予版权行政执法职能，配备了专门人员。各市、区全部建立版权局或版权管理部门，形成了较为完整的三级版权管理体系；在版权产业园区设立版权工作站，解决版权产业快速发展与版权基层服务机构尚未健全之间的矛盾。并在全市开展了版权重点企业（园区）示范创建工作，聘请知识产权辅导员、版权协管员，建立版权登记、咨询、培训等管理服务制度。

健全服务体系　营造社会氛围

突出版权服务能力，建设版权公共服务平台，构建完善的版权服务体系。搭建了刺绣作品版权许可交易服务、正版软件租赁服务（SaaS）、工艺美术版权服务、数字文化创意产业园版权管理与运用服务等一批版权公共服务平台，促进了产业的健康发展。

同时，苏州加强了版权人才服务工作。建立了3个版权人才培训基地，并专门开办企业知识产权工程师培训班，以动漫、软件等新兴版权产业及苏州传统版权行业从业人员为主要对象。此外，苏州通过版权协会、知识产权举报投诉服务中心和维权援助中心，提供版权保护等服务。

普及版权知识，培养社会版权意识。开展各类版权宣传、教育活动进学校、进社区、进企业、进农村等。"4·26"知识产权宣传周活动期间开展专题宣传活动，建立5个青少年版权教育示范基地，增强青少年的版权意识。

工作全面加强　能力明显提升

苏州不断加大工作力度与资源投入，全面推进软件正版化工作，2011年，在全省率先完成两级机关软件正版化工作。同时大力开展企业软件正版化工作，全市共推进650家企业开展软件正版化工作，下达软件正版化实施计划项目71个，引导企业购买使用正版软件。

为加强版权行政保护，苏州专门成立了承担全市版权行政执法职能的知识产权行政执法支队，多次开展版权专项执法行动。2012年，全市共立案查处各类侵权盗版案件69起，收缴盗版光盘29万余张、盗版图书2.5万余册，处理版权纠纷两起。苏州因成功查办社会影响广泛的"番茄花园"版权侵权案件而获得世界知识产权组织"版权金奖"保护奖。

知识产权司法保护能力不断加强，拥有部分知识产权案件管辖权的基层法院增加到7家，数量和密度居全省之首，在全国各大中城市中仅次于北京。2012年，全市两级法院审理著作权纠纷案件800多件，占一审知识产权民事案件的47.7%，有效地发挥了版权司法保护作用。

通过一系列版权工作的开展，较好地促进了苏州版权产业的发展，使版权在经济社会文化发展中的作用和地位日益提高。苏州版权登记量逐年增长。2012年，全市登记作品著作权13975件，同比增长40%，高居江苏省第一。在版权登记数量快速增加的同时，版权运用领域不断扩大，优秀版权作品不断问世，众多版权创造运用成效显著、快速发展壮大的版权密集型企业同时涌现，取得了明显的社会效益和经济效益。电视片《苏园六记》荣获中宣部"五个一工程"奖，苏州浩辰软件股份有限公司自主开发的《CAD平台软件》获得世界知识产权组织"版权金奖"推广运用奖，蜗牛电子《3D网络游戏平台》实现销售收入17200万元。苏州天堂卡通数码制作有限公司、苏州迈科网络安全技术股份有限公司等一批版权核心企业通过版权质押，与金融机构合作，获得金融机构贷款近亿元，为版权作品的产业化运用提供了资金保障。2011年，全市版权产业主营业务收入超过7400亿元，其中核心版权产业主营业务收入同比增幅超过40%，版权核心产业增加值占GDP比重超过3%。2012年文化产业、软件产业两大版权产业发展"引擎"营业收入分别超过2400亿元和800亿元，同比增长近30%。

江苏昆山：第一个县级市"全国版权示范城市"

2011年昆山市成功创建了全国县级市第一个"全国版权示范城市"。成立了全省县级市首家版权登记中心，推动昆山软件园、昆山文化创意产业园两个园区成功创建江苏省级版权示范园区。神州图骥地名信息技术服务有限公司、山猫兄弟动漫游戏有限公司、魔卡童创意设计有限公司成为首批"江苏省版权示范单位"。

版权宣传形式多样

举办版权知识集中宣讲活动，累计1500多家企业的3000多名版权从业人员参加；每年两次对全市重点版权企业进行走访活动，进入300余家企业宣传软件正版化及版权作品登记方面的法律法规和政策；每年组织"4·26保护知识产权宣传周"等系列活动；充分利用媒体优势编播版权先进事例，编发版权公益短信；制作了"笔笔皆创意，字字皆辛苦"版权公益广告进行投放；举办青少年版权知识问答及纸玩拼装竞赛等版权宣传活动。

版权登记数量迅速攀升

昆山版权登记中心聘用了两名专职人员，完成了与省版权局在版权作品初审职能的对接转移。2011年起，昆山在11个区镇开展版权作品登记知识集中宣讲活动，并通过上门走访、服务等方式有效推进版权登记工作，2011年以来已累计完成版权登记36776件，2014年，全市版权作品登记突破1万件大关，完成10213件，同比增长19.5%。作品登记种类也日益丰富，在2014年的登记作品中，文字1108件，美术7157件，摄影639件，工程设计、产品设计图684件，电影和类似摄制电影225件，计算机软件231件。作品质量和层次得到了大幅提升，其中《兔子镇的火狐狸》获得2011年第十四届华表奖，《粉墨宝贝》在2014年、2015年分别获得中国国际动漫节"金猴奖"最具潜力动画形象奖和动画系列片金奖，并与《山猫和吉米》等多部动漫作品在央视少儿频道首播。2011年以来共有72件作品获得昆山市优秀版权作品奖，9件作品获得苏州市优秀版权奖。

软件正版化有条不紊

成功推进第二轮政府软件正版化。积极与软件厂商协商谈判，在软件正版化的范围、软件种类数量、采购方式等方面进行协商和探讨，确定昆山市软件采购方案。同时，2011年以来，已完成了模具行业、印刷行业近200家企业软件正版化。

妥善处理软件版权侵权纠纷。针对部分企业盗用商业软件现象，通过行政调解建立对话和协商机制，平衡权利人和企业之间的利益。2011年至今，经引导与调解，近80家企业主动提出并实施正版化方案，切实维护了公平竞争的市场环境和权利人的合法利益。

同时，按政策给予资助和奖励。2011年以来，对57个企业软件正版化项目进行资助，资助总额348万元，评选出软件正版化示范单位4家，奖励金额2万元。

版权产业发展增速

一直以来，昆山市全力服从服务于经济转型升级的大局，积极推动版权产业发展。首先，昆山市不断加大对版权工作和版权产业的扶持力度。2014年，获得省级文化产业引导资金400万元资助，山猫兄弟有限公司等8个版权相关项目获得昆山市文化产业引导资金共280万元资助。同时，积极引导版权企业参加各种展览，组织版权企业等相关人员进行学习培训。

其次，加强版权示范园区建设。推动特色工业园区转型升级，引导资源密集型产业退出，主攻知识密集型产业。如昆山软件园作为江苏省版权示范园区，是省内领先的动漫数字、服务外包和现代服务业的聚集与示范区，到2014年园区已引进企业282家，从业人员近万人，全园实现产出105.8亿元，纯软件和信息服务业总收入8.8亿元。2014年，昆山市全年实现版权产业主营收入3900亿元，增加值为385亿元，占苏州全市的比重为39.4%和39.6%。

第二章　全国版权示范园区（基地）

上海张江高科技园：打造现代版权产业园区典范

上海张江高科技园区顺应科技进步的时代潮流，探索科技创新型的版权产业园区建设，推进以数字出版产业、网络游戏、动漫为首的版权产业快速发展。2010年8月上海张江高科技园区被国家版权局授予"全国版权示范园区（基地）"称号。

园区涵盖了张江文化科技创意产业基地和张江国家数字出版基地。同时加强版权产业发展急需的公共服务平台建设和集聚，包括上海版权交易中心、上海版权服务中心、上海版权纠纷调解中心、上海市文化产业投融资服务平台等一系列产业服务机构，助推版权产业的发展。

上海张江高科技园区的版权产业，在上海乃至全国都占据着重要的核心地位。数字出版产业占上海40%、全国10%。网络游戏产业（含网络游戏出版）占全国20%。以盛大文学为首，占据国内原创文学版权市场90%以上，覆盖全球中文用户70%以上；以PPLive为首，占据国内互联网视频直播市场70%以上；以雅昌印刷为首，在艺术典藏领域占据全国半壁江山；易狄欧、上海方正、世纪创荣、创新科技等17家涉及内容生产、技术研发、出版平台、系统服务到终端制造的电子书产业链关键企业集聚张江，占据了"上海电子书产业发展联盟"1/3 强的比重；以沪江网、火星时代为首，在互动（在线）教育领域占据全国第一；以炫动传播、河马动画为首，在十大国产动画电影票房中占据 3 席，并通过版权授权开发衍生产品；以四元数码为首，在休闲游戏海外市场上占据领先地位，在著名的 Big Fish Games 上总排名第二，其法语、德语、西班牙语版分别占据各自版的下载排名第一。

园区版权产业的发展离不开版权制度的保驾护航。2010 年 5 月 11 日，上海版权服务中心和上海版权纠纷调解中心正式揭牌成立，入驻张江国家数字出版基地。2012 年 4 月被国家版权局授予"全国版权示范单位"称号。目前已被初步打造成一个集作品版权登记、版权纠纷调解、版权授权代理、版权综合信息发布为一体的版权公共服务平台。

受上海市版权局的授权委托，上海版权服务中心承担全市的作品版权登记工作。面对新的数字和互联网技术环境，中心积极推进数字作品版权登记保护应用平台的建设，为数字作品的确权、示权和维权提供保障。

另一方面作为上海版权纠纷调解中心，提供版权争议调解的服务。中心制订科学公正的版权纠纷调解制度，建立版权纠纷调解专家库，打造具有较高社会公信力的版权纠纷调解公共服务项目，由专业人士帮助当事人开展各类版权合同违约和侵权纠纷的调解服务，为数字出版业界出现的繁杂的版权纠纷提供和谐的解决通道。目前调解中心建立的专家库共有版权纠纷调解专家 32 名，汇集了沪上知名的知识产权学者、律师、退休法官等，专家库的人数还在不断扩大中。

在营造整体产业环境和整合众多产业服务资源的推动下，张江高科技园区以版权为核心的包含数字出版产业等产值在2010年达到120亿元、连续保持年均30%的增长率。重点服务的文化企业累计达280家（数字出版相关企业245家），累计注册资本逾32亿元和2.5亿美元。

四川成都高新区：西部首个版权示范园区

2009年，成都高新区顺利通过了国家知识产权试点园区验收，并着手全国版权示范园区的创建，于2011年9月获批全国首批版权示范园区。

搭建版权综合服务体系　助推主导产业发展

高新区先后出台一系列版权保护激励政策，对著作权登记、版权申请和维护、软件正版化等进行了资助和奖励；设立版权工作站，如2009年中华版权代理中心成都工作站成功落户天府软件园，2015年4月，中国版权保护中心西南版权登记大厅正式落户成都高新区，成为中国版权保护中心在全国除北京以外设立的首个直属业务受理中心；积极引入行业组织及社会服务机构，为企业提供高效便捷的版权服务；引入金融服务手段，利用版权质押贷款的融资方式，为拥有自主智力成果的中小企业带来新的融资渠道；培育和扶持版权示范企业，发挥版权示范企业的带动作用。

"疏、打"结合　切实提高版权保护水平

建立重大经济活动版权审查机制,重点对招商引资过程中引入的项目、

园区内享受政府资助政策的项目和涉及国有资产投入的项目进行版权审查，提高版权保护的前瞻性和预防性；指导企业建立内部版权管理机制，切实做到大企业成立专门的版权管理部门、有条件的和版权重点企业确定专门的版权工作人员、中小型企业确定版权工作联络人；同时，高新区建立版权司法保护机制，精心审理典型案件，加强司法宣传；强化宣传，全面增强全社会的版权意识，如实施"版权进企业工程""版权孩子工程""版权干部工程"等；积极推进软件正版化、打击侵权盗版。

聚集软件产业 突出特色与优势

2009年，高新区软件及服务外包产业实现销售收入300亿元，同比增长25%；出口2.1亿美元，同比增长26%。目前，高新区聚集重点软件及服务外包企业约600家，拥有国家软件产业基地等14个国家级产业化基地和成都数字媒体产业技术联盟等8个产业技术创新联盟，聚集了成都市近70%的软件企业，培育了卫士通等一批本土企业，引进了IBM、盛大等一批国内外知名企业。高新区软件产业在服务外包、游戏动漫、信息安全、行业应用及嵌入式等领域形成了自身特色和优势。

版权是推动科技创新、企业聚集和产业发展的重要手段，更是实现经济发展和社会繁荣的重要推动力。成都高新区大力推进版权创造、运用、保护和管理工作，较好地发挥了版权对经济结构、产业结构调整的推动作用，为区域发展带来了良好的经济效益。2009年，高新区实现产业增加值396.5亿元，增长25.1%；规模以上工业增加值249.02亿元，增长32%；三大主导产业工业增加值占规模以上工业增加值比重达到78.6%；

全口径财政收入114.55亿元,增长9.3%;外贸出口26.88亿美元,增长33.98%;出口加工区进出口总额达到64.2亿美元,增长35.2%。在全国高新区排名中,成都高新区综合指标名列第四位。

浙江中国轻纺城：保护花样版权　激发创新热情

浙江省中国轻纺城于2012年4月被国家版权局授予"全国版权示范基地"。下设中国轻纺城花样版权登记管理保护办公室，在浙江省版权局支持和授权下开展市场花样版权登记管理等相关工作。

中国轻纺城花样版权登记管理保护办公室于2008年成立，是为中国轻纺城纺织品花样版权保护而成立的综合性知识产权保护机构。办公室成立七年多来，强势推进市场花样版权登记管理保护工作。2011年被国家版权局授予国内首个专业市场"全国版权示范单位"称号。

建立科学规范的运行机制

一是政策配套机制。先后出台《关于加强中国轻纺城知识产权保护工作的若干意见》《中国轻纺城纺织品花样版权登记管理保护办法》等配套文件。二是部门联动机制。建立中国轻纺城知识产权保护联席会议制度，明确成员单位职能，定期召开会议，齐抓共管，形成合力。三是日常宣传机制。以提高公众版权意识为先导，立体宣传，舆论造势，共发放资料55000余份。四是培训提升机制。定期邀请专家、教授讲课，普及版权保护知识，提高市场主体对版权的自我保护能力，培训经营户3500余人次。

五是创新推动机制。由政府每年对市场花样版权登记大户实施奖励,并建立花样版权供需对接平台,加快智力成果转化进程。六是长效监管机制。创建全国首个"花样初审登记甄别系统",建立全省首个花样图片专用电子数据库,出台国内首个纺织品花样相似性认定标准,同时成立认定评审专家委员会和大众委员会,提高了相似性认定的权威性和科学性。七是需求对接机制。开展花样版权登记管理"进园区""进企业""进协会"活动,成立基层受理点,为花样版权注册登记提供便捷服务。

构建"四位一体"的保护体系

利用办公室与工商分局经济检查中队合二为一的优势,由工商部门突破市场版权行政保护瓶颈,开展综合行政保护。绍兴市仲裁委员会和绍兴县人民法院在办公室的努力下,破格设立浙江省专业市场第一个仲裁调解中心——绍兴县中国轻纺城纺织品仲裁调解中心和绍兴市第一个知识产权保护庭,为纺织品花样版权侵权纠纷提供司法、仲裁保护。联合行业协会和商会开展自律活动,促进"自我管理、自我监督、自我服务"。全面构建起"行政保护、司法保护、仲裁调解、行业自律"的"四位一体"保护体系,筑起市场花样版权保护的"防护墙"。

成立跨省花样版权保护"协作联合体"

为突破区域版权保护瓶颈,打击侵权盗版行为,2009年下半年,轻纺城花样版权登记管理保护办公室联合浙江绍兴、江苏南通、山东潍坊、广东佛山目前国内最主要的四大纺织品集散中心,成立了四地纺织品市场版权保护"协作联合体",共同起草了《四地纺织品市场版权保护与合作协议》,并于2010年4月在浙江省绍兴县成功举办了签约仪式。开创了中国跨省开展纺织品市场版权保护与合作的先河,全面体现了合作共赢的宗旨。

形成了创新升级与版权保护的良好氛围

保护版权已成为市场经营户的第一选择。越来越多的企业通过举报、仲裁、诉讼等途径维护自身的合法权益。七年多时间,市场查处纺织品花样版权侵权案件61起,调解、仲裁版权纠纷1764起,为权利人挽回经济损失4.85亿元。县法院同期受理花样侵权诉讼1919起,调解结案1536起。

激发了市场创业创新热情。2008年以来,市场受理花样登记35706件,是此前8年登记数的38.6倍,每年占浙江全省著作权登记数的一半以上。市场80%的纺织品公司开展了花样研发设计,相当数量骨干企业的研发设计产品已占年销售总额的70%以上。

中国轻纺城创意基地目前已成为全国最大纺织创意机构集聚地。推动了市场转型升级发展,市场创意产业发展驶入"快车道"。2010年,中国轻纺城创意产业基地获得了中国创意产业最佳园区奖。2012~2015年,市场实现创意营业收入17.48亿元,带动制造、贸易企业形成销售418亿元。

江西景德镇：版权保护为千年瓷都注入活力

2012年4月，景德镇国际陶瓷艺术创意中心被国家版权局正式授予"全国版权示范园区"称号。这个拥有1700多年历史的瓷都面对新的产业格局，制定了以高新技术陶瓷为核心竞争力、加强版权保护、推动传统陶瓷创新并引领大陶瓷产业的发展战略，取得了显著成效。

政府重视

为进一步发展高新技术陶瓷产业、保护版权创意成果，景德镇市委、市政府制定了如《陶瓷知识产权保护办法》一系列扶持与鼓励政策，成立了景德镇陶瓷知识产权保护联合执法办公室，建立了景德镇陶瓷知识产权联席会议制度，其成员单位可深入陶瓷生产经营场所进行督促检查，确保各项政策与措施落到实处。

将版权保护专项经费列入财政预算。同时委托陶瓷协会统一制作、核发、管理标有"景德镇"证明商标的"景德镇陶瓷艺术作品证书"，实行一品一证制度，以激发陶艺工作人员的创作积极性。

健全机制

市版权局成立了版权登记办公室和版权稽查执法大队、综合科等部门，专门负责全市的版权工作，重点是陶瓷版权。同时运用行政手段，加强对陶瓷市场的监管。提高版权申报登记服务，抽调精干人员专门负责陶瓷版权申报工作，在陶瓷名家相对集中的地方建立版权服务站，实行零距离服务。同时，市中级人民法院成立知识产权庭加大对陶瓷知识产权侵权行为的打击和行政处罚力度。

加强宣传

近年来，景德镇培育了大批享誉国内外的陶瓷品牌。为保护企业创新成果、增强版权保护意识，景德镇不断加强宣传教育，充分利用报刊和广播电视等新闻媒体，进行广泛持久的宣传。同时配合典型案例开展法律咨询和专题讲座，深入企业生产场所、市场和广大从业人员当中，进行面对面的交流，增强人们的法制观念以及自我保护意识、自律意识和创新意识，为开展版权保护工作营造了良好的氛围。

通过努力，景德镇陶瓷工业园区规模不断扩大，固定资产投资、陶瓷生产以及销售量迅速增长，全市陶瓷工业产值及销售收入逐年递增，景德镇陶瓷产业步入一个全新的发展阶段。

山东章丘：版权之光照亮龙山黑陶发展之路

2012年4月山东省章丘龙山黑陶产业基地被国家版权局命名为"全国版权示范园区"。"全国版权示范园区"称号的命名，标志着龙山黑陶的发展又上一个大的台阶，走上了规范有序并适应市场要求的发展道路，为龙山文化、黑陶艺术展现了光明的发展前景。

龙山黑陶是中国古代文化与科技创新的集大成者，"黑如漆，亮如镜，薄如纸，硬如瓷，掂之飘忽若无，敲击铮铮有声"，被誉为"4000年前地球文明最精致之作"，是当时城市物质文明高度发展的体现。龙山文化制陶艺术是中华民族传统文化的珍贵遗产。龙山黑陶艺人传承着黑陶的制作，在坚持传统工艺的同时不断推陈出新，黑陶产业规模不断壮大，人才队伍素质不断提升，龙山黑陶影响力和美誉度不断扩大。近年来，龙山黑陶产业基地在加强版权工作方面做了大量工作，传统工艺在现代法律的保护下焕发出新生机。

一是加强版权保护队伍建设，打击侵权行为。2010年4月，章丘文广新局依照《中华人民共和国著作权法》《著作权行政处罚实施办法》制定了《章丘市龙山黑陶著作权保护实施办法》；在济南市文广新局、章丘文广新局的指导下，积极开展版权保护工作，与版权、工商等上级执法部门积极配合，并设立版权保护举报电话，定期组织执法人员会同龙山黑陶产业基地版权保护办公室人员进行市场巡查，对龙山黑陶自主创新产品进行有力保护。龙山黑陶提请上级部门纠正了18起侵权，挽回经济损失2000余万元。

二是建立版权初审制度。现代黑陶生产在龙山已有30多年的历史，主要产品的年产量达40余万件，黑陶产品制作中的软刻、影雕、彩绘等工艺在全国是强项，几年来设计创新品种已达20000多种。龙山黑陶产业基地办公室对黑陶版权认真统计，建立了版权初审委员会，对自主创新的黑陶艺术品进行初审，然后向上级版权部门申请版权。有力的版权保护激发了黑陶制作大师的创新意识，2009~2015年提出版权初审8000余件，经严格审核成功申报了2000余件。

正如龙山黑陶版权创新作品展的主题"知识产权之光照亮龙山黑陶发展之路"，龙山黑陶的版权工作取得了丰硕成果。2012年4月，章丘龙山黑陶产业基地被国家版权局命名为"全国版权示范园区"，龙山黑陶产业发展进入持续创新、版权保护的新阶段；2012年10月，在中国工艺美术博览会上，龙山黑陶6件版权作品获得了4个金奖和2个银奖的好成绩；2013年4月参加了全国版权示范交流会，并做了典型发言；2014年11月与山东省陶瓷协会在济南举办龙山黑陶版权创新作品展，展出版权作品194件，其中传统系列23件，彩绘系列69件，影雕系列85件，木纹陶系列17件。

龙山黑陶全国版权示范园区的创建，进一步提高了黑陶从业者及法人的版权保护意识，推动了黑陶产业的健康发展，为龙山经济建设做出了贡献与服务。

第三章　全国版权示范单位

安徽省版权交易中心：搭建版权与资本对接平台

安徽省版权交易中心于 2011 年 8 月被国家版权局授予"全国版权示范单位"称号。致力于组织开展文字、美术、摄影、音乐、影视、动漫、游戏、设计、艺术及软件等版权的许可使用和转让以及与版权相关权益的交易等。同时将版权、技术等与高新技术企业提供的配套服务业务实行嫁接，相互促进、联动发展。

安徽省版权交易中心交易信息除在自身网站发布外，也在安徽省多个专业网站同步发布。依托与京、津、沪、渝等产权交易机构长期良好的合作关系，在国内主要产权交易机构网站同步挂牌，促进交易。中心还建立了一整套规范成熟的交易制度和操作流程，为实现公平、公正交易，实现权益与资本的对接提供了保障。经过多年发展，中心逐渐被市场各类产权主体认同，已聚集一大批来自苏、浙、沪、粤等经济发达地区的投资者和投资机构、产业基金，这为促进促成版权交易提供了便利。

安徽省版权交易中心的建设目标是成为中部领先、国内一流、全国有重要影响力的版权与资本对接平台，切实促进各类版权跨行业、跨区域、跨所有制的流动。并按照"挂牌交易、合作共赢、联动发展"的思路积极开展各项工作。

——挂牌交易，依托网络平台，借助优势资源，组织开展版权的许可使用和转让交易，也包括以版权为主要资产的文化类企业的产（股）权交易以及与版权有关的权益交易。

——合作共赢，由安徽省新闻出版局（版权局）、合肥市产权交易中心合作共建安徽省版权交易中心。合肥市产权交易中心负责版权交易中心的具体运营管理，省版权局负责版权交易相关的政策支持、市场监管和业务指导等。

——联动发展，将版权、技术产权等与高新技术企业配套服务等业务进行嫁接，通过交易平台引进版权融资、版权质押、第三方担保或政府贴息等机制，实现版权、技术产权与高新技术企业的相互促进、资源共享和联动发展。

安徽省版权交易中心正在研究并争取落实版权融资、版权质押、政府贴息以及第三方担保政策的同时，积极引导金融资本、产业资本进入版权要素市场，为版权与资本的有效对接搭建服务平台。为权利人和需求方提供便捷畅通的渠道，大力发展经纪会员和经纪人，使中心成为各类权利人和服务机构的重要聚集地，为促进安徽省版权产业的健康发展做出贡献。

中文在线：重视版权保护　促进企业发展

版权是数字出版企业持续运营的基石。中文在线自成立伊始，就对版权的保护问题极其关注和重视。在业务运作过程中，采取"先授权，后传播"的方式，合理合法使用数字版权。2012年4月，中文在线数字出版股份有限公司被国家版权局授予"全国版权示范单位"称号。

进行多样化的合法授权

中文在线一直将正版数字内容的建设作为可持续发展的核心，设置专门的内容中心负责数字版权采集。内容中心通过出版机构授权、著作权集体管理、版权中介代理授权、作者直接授权等多样化的合作方式，与版权机构、作者签订协议的方式建立稳定的数字版权采集渠道，针对具体的作品采取买断或分成模式签订版权许可使用协议。遵循"市场检验，有价续约"的原则，给著作权人提供了可选择的途径。

采取积极的保护手段

中文在线积极采取技术、司法、行政和社会保护等措施，形成多样化的版权保护手段，其中技术保护是中文在线采用的有效且直接的保护手段。中文在线构建了国内唯一集版权审核、版权管理、版权跟踪、版权检索于一体的用于运营的版权资产管理平台，采用先进的DRM、网络搜索、网络识别等技术，涵盖互联网发布、移动发布、手持发布三种数字出版方式，在数字内容的存储、制作、发布、传输及使用过程中提供了完整的数字版权保护技术。基于本平台，完成的版权公证数量超过1万份，为数十家企业机构搭建了版权审核、管理与追踪体系，为上万名权利人提供了版权侵权调查服务。

开展形式多样的维权活动

联合有关部门与单位推出"全国维权工程——百家专项援助计划"，旨在保护作家的权利；配合国家版权局网络盗版专项治理行动，向国家版权局提供大量举报材料，涉及几十家盗版网站，数千部侵权作品；承办全国图书馆版权保护工作会议，对参会图书馆进行了版权保护法律、政策、案例等方面的培训。

维权典型案例包括诉苹果公司手机APP侵犯著作权一案，判决美国苹果公司停止侵权，赔偿中文在线经济损失及合理支出60余万元；诉北京智珠网络技术有限公司旗下网站擅自传播作家流潋紫（原名吴雪岚）所著《后宫甄嬛传》电子书，该案是北京首例网站被判教唆侵权的案例。

中文在线作为我国数字出版的领军企业，得到了政府及业界的广泛支持与高度肯定。承担了许多国家级政府项目及行业活动，如2011年新闻出版总署"数字版权保护技术研发工程"重大科技工程项目等。并荣获北京市新闻出版广电局（版权局）颁发的"版权工作站"、中国版权协会颁发的"2013年中国版权最具影响力企业"、国家版权局颁发的"全国版权示范单位"等荣誉称号。

附录

中国版权产业的具体分类

附表1　与国民经济行业分类对应的核心版权产业分类

主要产业组	子组	联合国产业分类代码	中国产业分类四位代码行业及简要说明
文字作品	作家作者	9214	9010—文艺创作与表演
	译者	7499	7494—办公服务（包括翻译）
	报纸出版	2212	8822—报纸出版
	新闻社等	9220	8810—新闻业
	杂志/期刊出版	2212	8823—期刊出版
	图书出版	2211	8821—图书出版
	数字出版		含网络期刊、电子图书、游戏出版、新闻出版网站、手机出版等
	问候卡和地图，工商名录和其他印刷品	2219	8829—其他出版
	图书、杂志、报纸和广告材料的印前样、印刷样和印后样	2221 2222	2311—书报印刷 2312—本册印刷 2319—包装装潢及其他印刷 2320—装订及其他印刷服务
	报纸和文学作品的批发和零售（书店、报刊亭）	5139 5239	6343—图书批发 6344—报刊批发 6543—图书零售 6544—报刊零售
	图书馆	9231	9031—图书馆

中国版权产业的具体分类 83

主要产业组	子组	联合国产业分类代码	中国产业分类四位代码行业及简要说明
音乐、戏剧制作、曲艺、舞蹈和杂技	曲作家、词作家、改编者、舞蹈指导、导演、演员和其他人员	9214 9219 9249	9010—文艺创作与表演 9070—群众文化活动 9080—文化艺术经济代理 9210—室内娱乐活动 9290—其他娱乐活动
	音乐录音制品的制作和制造	2230	8824—音像制品出版 8825—电子出版物出版 8940—音像制作 2330—记录媒介的复制
	音乐录音制品的批发和零售（销售和出租）	5233 5139 7130	6345—音像制品及电子出版物的批发 6545—音像制品及电子出版物的零售 7321—图书及音像制品租赁
	艺术和文字创作的表述	9214	9010—文艺创作与表演
	表演及相关机构（订票处、售票处）	9214	9020—艺术表演场所
电影和影带	编剧、导演、演员	9214	9010—文艺创作与表演
	电影和影带的制作和发行	9211	8931—电影制作与发行
	电影放映	9212	8932—电影放映
	影带出租和销售，包括点播	7130 9211	7321—图书及音像制品出租
	相关服务	2230	2330—记录媒介的复制
广播电视	广播和电视制作和播出	9213	8910—广播 8920—电视
	有线电视传输	6420	6031—有线广播电视传输服务
	卫星电视传输	6420	6040—卫星传输服务
	相关服务	9213	6032—无线广播电视传输服务
摄影	摄影	7494	8280—摄影扩印服务

主要产业组	子组	联合国产业分类代码	中国产业分类四位代码行业及简要说明
软件和数据库	规划、编程和设计	7221 7229	621—软件业
	批发和零售预装软件（商业程序、视频游戏、教育程序等）	5151	6375—来自计算机、软件及辅助设备批发 6572—计算机、软件及辅助设备零售
	数据库处理和出版	7240 7230	6020—来自互联网信息服务 6190—其他计算机服务 6019—其他电信服务 6120—数据处理
美术与建筑设计、图形和模型作品	美术与建筑设计	9214	9010—文艺创作与表演 3133—建筑用石加工 6346—首饰、工艺品及收藏品批发 6547—工艺美术品及收藏品零售 7672—工程勘察设计
	图形和模型作品		7640—测绘服务 7672—工程勘察设计 7673—规划管理 7690—其他专业技术服务 （上述各类包括工程设计图、产品设计图、地图、示意图等图形作品和模型作品）
广告服务	广告代理机构、购买服务（不包括发布广告费用）	7430	7440—广告业
版权集体管理与服务	版权集体管理与服务	9112	7450—知识产权服务 7421—律师及相关的法律服务 7429—其他法律服务 7499—其他未列明的商务服务

说明：该表依据2002年国家统计局发布的《国民经济行业分类》（GB/T4754-2002）编制。

附表 2　与国民经济行业分类对应的相互依存的版权产业分类

主要产业组	联合国产业分类代码	中国产业分类四位代码行业及简要说明
电视机、收音机、录像机、CD 播放机、DVD 播放机、磁带播放机、电子游戏设备及其他类似设备	3230 5139 5233 7130	4031—广播电视节目制作及发射设备制造 4032—广播电视接收设备及器材制造 4039—应用电视设备及其他广播电视设备制造 4071—家用影视设备制造 4072—家用音响设备制造 4013—通信终端设备制造 4014—移动通信及终端设备制造 2452—游艺及室内游艺器材制造 6349—其他文化用品批发 6374—家用电器批发 6376—通讯及广播电视设备批发 6571—家用电器零售 8313—家用电器修理
计算机和有关设备	3000 5151 7123	4041—电子计算机整机制造 4042—计算机网络设备制造 4043—电子计算机外部设备制造 6375—计算机、软件及辅助设备批发 6572—计算机、软件及辅助设备零售 7314—计算机及通信设备租赁 6110—计算机系统服务 6130—计算机维修
乐器	3692 5139 5233	2431—中乐器制造 2432—西乐器制造 2433—电子乐器制造 2439—其他乐器和零件制造 6349—其他文化用品批发 6549—其他文化用品零售 7329—其他文化及日用品出租

主要产业组	联合国产业分类代码	中国产业分类四位代码行业及简要说明
照相机和电影摄影器材	3320 5139 5239 7129	4151—电影机械制造 4152—幻灯及摄影设备制造 4153—照相机及器材制造 2665—信息化学品制造 6349—其他文化用品的批发 6379—其他机械设备及电子产品批发 6548—照相器材零售 7329—其他文化日用品出租 8319—其它日用品修理
复印机	3000 5159	4154—复印和胶印设备制造 8312—办公设备维修 3642—印刷专用设备制造 6379—其他机械设备及电子产品批发 6579—其他电子产品零售
空白录音介质	2429 5152 5233	2665—信息化学品制造 6374—家用电器批发
纸张	2101 5149 5239	2221—机制纸及纸板制造 2222—手工纸制造 2223—加工纸制造 2239—其他纸制品制造 6391—再生物资回收与批发 6341—文具用品批发 6541—文具用品零售

说明：该表依据2002年国家统计局发布的《国民经济行业分类》（GB/T4754-2002）编制。

附表3　与国民经济行业分类对应的部分版权产业分类

主要产业组	联合国产业分类代码	中国产业分类四位代码行业及简要说明
服装、纺织品和制鞋	1810 1721 1920 5131 5232	1711—棉、化纤纺织加工 1712—棉、化纤印染精加工 1722—毛纺织 1723—毛染整精加工 1730—麻纺织 1742—绢纺和丝织加工 1743—丝印染精加工 1751—棉及化纤制品制造 1752—毛制品制造 1753—麻制品制造 1754—丝制品制造 1757—无纺布制造 1761—棉、化纤针织品及编织品制造 1762—毛针织品及编织品制造 1763—丝针织品及编织品制造 1769—其他针织品及编织品制造 1810—纺织服装制造 1820—纺织面料鞋的制造 1830—制帽 1921—皮鞋制造 1922—皮革服装制造 1924—皮手套及皮装饰品制造 1931—毛皮鞣制加工 1932—毛皮服装加工 1942—羽绒制品加工 2960—橡胶靴鞋制品加工 3081—塑料鞋制造 6331—纺织品、针织品及原料批发 6332—服装批发 6333—鞋帽批发 6531—纺织品及针织品零售 6532—服装零售 6533—鞋帽零售

主要产业组	联合国产业分类代码	中国产业分类四位代码行业及简要说明
珠宝和硬币	3691 5139 5239	4218—珠宝首饰及有关物品的制造 3491—铸币及贵金属制实验室用品制造 6346—首饰、工艺品及收藏品批发 6546—珠宝首饰零售 6547—工艺美术品及收藏品零售
其他手工艺品	9199 5239	4211—雕塑工艺品制造 4212—金属工艺品制造 4213—漆器工艺品制造 4214—花画工艺品制造 4215—天然植物纤维编织工艺品制造 4216—抽纱刺绣工艺品制造 4218—珠宝首饰及有关物品的制造 4219—其他工艺美术品制造 4221—制镜及类似品加工 4229—其它日用杂品制造 6346—首饰、工艺品及收藏品批发 6547—工艺美术品及收藏品零售
家具	3610 5139 7130	21—家具制造业 6339—其他日用品批发 6582—家具零售
家庭用品、陶瓷和玻璃	2610 173 2029 2899 5139 5233	203—木制品制造 3082—日用塑料杂品制造 314—玻璃及玻璃制品制造 315—陶瓷制品制造 3132—建筑陶瓷制品制造 3472—搪瓷卫生洁具制造 3479—搪瓷日用品及其他搪瓷制品制造 348—不锈钢及类似日用金属制品制造 3972—照明灯具制造 6334—厨房卫生间用品及日用杂货批发 6339—其他日用品批发 6539—其他日用品零售

主要产业组	联合国产业分类代码	中国产业分类四位代码行业及简要说明
墙纸和地毯	1722 21 5239	4217—地毯、挂毯制造 2239—其他纸制品制造 6339—其它日用品批发 6346—首饰、工艺品及收藏品批发 6547—工艺美术品及收藏品零售
玩具和游戏用品	3694 5139 5239	2440—玩具制造 2451—露天游乐场所游乐设备制造 2452—游艺及室内游艺器材制造 6349—其他文化用品批发 6549—其他文化用品零售
建筑、工程、调查	7421	E—建筑业
内部装修设计	7499	4900—建筑装饰业
博物馆	9232	9050—博物馆 9060—烈士陵园、纪念馆

说明：该表依据2002年国家统计局发布的《国民经济行业分类》（GB/T4754-2002）编制。在部分版权产业的四位代码行业类别中，某些小类与版权的关系不大，比如服装、纺织品、玻璃、陶瓷中的一些行业小类，但基于统计数据的限制（有些数据无法准确拆分），同时参照其他国家的测算方法以增加可比性，本项研究未将这些行业小类剔除出去，但在确定版权因子时充分考虑了这一因素，如服装、纺织品的版权因子仅为0.4%，玻璃、陶瓷的版权因子仅为0.3%。

附表4　与国民经济行业分类对应的非专用支持产业分类

主要产业组	联合国产业分类代码	中国产业分类四位代码行业及简要说明
一般批发和零售产业	51 52	63　批发 65　零售
一般运输业	60 61 62 630 641	51　铁路运输 52　公路运输 53　城市公共交通 54　水上运输 55　航空运输 57　运输辅助活动 58　仓储 59　国家邮政
电话和互联网产业	6420 7240	601　电信业 602　互联网信息服务

说明：该表依据2002年国家统计局发布的《国民经济行业分类》（GB/T4754-2002）编制。

附表 5　与海关统计分类对应的核心版权产业分类

主要产业组	品目	说　明
新闻和文学作品	48.20	纸或纸版制的登记本、帐本、笔记本、定货本、收据本、信笺本、记事本、日记本及类似品、练习本、吸墨纸本、活动封面（活页及非活页）、文件夹、卷宗皮、多联商业表格纸、页间夹有复写纸的本及其他文具用品；纸或纸板制的样品簿、粘贴簿及书籍封面
	49.01	书籍、小册子、散页印刷品及类似印刷品，不论是否单张
	49.02	报纸、杂志及期刊，不论有无插图或广告材料
	49.03	儿童图画书、绘画及涂色书
	49.05	各种印刷的地图、水道图及类似图表，包括地图册、挂图、地形图及地球仪、天体仪
	49.09	印刷或有图画的明信片；印有个人问候、祝贺、通告的卡片，不论是否有图画、带信封或饰边
	49.10	印刷的各种日历，包括日历芯
	49.11	其他印刷品，包括印刷的图片及照片
音乐、戏剧作品	49.04	乐谱原稿或印本，不论是否装订或印有插图
电影和影带	37.06	已曝光已冲洗的电影胶片，不论是否配有声道或仅有声道
	85.23	录制声音或其他信息用的圆盘、磁带、固态非易失性数据存储器件、"智能卡"及其他媒体，不论是否已录制，包括供复制圆盘用的母片及母带，但不包括第 37 章（照相及电影用品）的产品
摄影	37.05	已曝光已冲洗的摄影硬片及软片，但电影胶片除外
软件和数据库	98.03	定制型计算机软件（仅用于出口，不包括与产品固化或集成为一体的软件）

主要产业组	品目	说 明
美术与建筑设计，图形和模型作品	97.01	油画、粉画及其他手绘画，但带有手工绘制及手工描饰的制品或品目49.06的图纸除外；拼贴画及类似装饰板
	97.02	雕版画、印制画、石印画的原本
	97.03	各种材料制的雕塑品原件

说明：该表依据《中华人民共和国海关统计商品目录（2012年版）》（海关总署综合统计司编制，北京：中国海关出版社，2012年1月第1版）编制。

附表6　与海关统计分类对应的相互依存的版权产业分类

主要产业组	品目	说明
电视机、收音机、录像机、CD播放机、DVD播放机、磁带播放机、电子游戏设备以及其他类似设备	85.19	声音录制或重放设备
	85.21	视频信号录制或重放设备，不论是否装有高频调节器
	85.25	无线电广播、电视发送设备，不论是否装有接收装置或声音的录制、重放装置；电视摄像机、数字照相机及视频摄录一体机
	85.27	无线电广播接收设备，不论是否有声音的录制、重放装置或时钟组合在同一机壳内
	85.28	监视器及投影机，未装电视接收装置；电视接收装置，不论是否装有无线电收音装置或声音、图像的录制或重放装置
	85.29	专用于或主要用于品目85.25至85.28所列装置或设备的零件
计算机和有关设备	84.71	自动数据处理设备及其部件；其他品目未列名的磁性或光学阅读机、将数据以代码形式转录到数据记录媒体的机器及处理这些数据的机器
乐器	92.01	钢琴，包括自动钢琴；拨弦古钢琴及其他键盘弦乐器
	92.02	其他弦乐器（例如，吉他、小提琴、竖琴）
	92.05	其他管乐器（例如，单簧管、小号、风笛）
	92.06	打击乐器（例如，鼓、木琴、铙、钹、响板、响葫芦）
	92.07	通过电产生或扩大声音的乐器（例如，电风琴、电吉他、电手风琴）
	92.08	百音盒、游艺场风琴、手摇风琴、机械鸣禽、乐锯及本章其他品目未列名的其他乐器；各种媒诱音响器、哨子、号角、口吹音响信号器
	92.09	乐器的零件（例如，百音盒的机械装置）、附件（例如，机械乐器用的卡片、盘及带卷）；节拍器、音叉及各种定音管

主要产业组	品目	说明
照相和电影摄影器材	37.01	未曝光的摄影感光硬片及平面软片，用纸、纸板及纺织物以外任何材料制成；未曝光的一次成像感光平面软片，不论是否分装
	37.02	成卷的未曝光摄影感光胶片，用纸、纸板及纺织物以外任何材料制成；成卷的未曝光一次成像胶片
	37.03	未曝光的摄影感光纸、纸板及纺织物
	37.04	已曝光未冲洗的摄影硬片、软片、纸、纸板及纺织物
	37.07	摄影用化学制剂（不包括上光漆、胶水、粘合剂及类似制剂）；摄影用未混合产品，定量包装或零售包装可立即使用的
	90.06	照相机（电影摄影机除外）；照相闪光灯装置及闪光灯泡，但品目85.39的放电灯泡除外
	90.07	电影摄像机、放映机，不论是否带有声音的录制或重放装置：
	90.08	影像投影仪，但电影用除外；照片（电影片除外）放大机及缩片机
	90.10	本章其他品目未列名的照相（包括电影）洗印用装置及设备；负片显示器；银幕及其他投影屏幕
	90.11	复式光学显微镜，包括用于显微照相、显微电影摄影及显微投影的
复印机	37.07	摄影用化学制剂（不包括上光漆、胶水、粘合剂及类似制剂）；摄影用未混合产品，定量包装或零售包装可立即使用的
	84.42	制版用的机器、器具及设备（品目84.56至84.65的机床除外）；印刷用版（片）、滚筒及其他印刷部件；制成供印刷用（例如，刨平、压纹或抛光）的板（片）、滚筒及石板
	84.43	用品目84.42的印刷用版（片）、滚筒及其他印刷部件进行印刷的机器；其他打印机、复印机及传真机，不论是否组合式；上述机器的零件及附件
	84.72	其他办公室用机器（例如，胶版复印机、油印机、地址印写机、自动付钞机、硬币分类、计数及包装机、削铅笔机、打洞机或订书机）

主要产业组	品目	说明
空白录音介质	85.23	录制声音或其他信息用的圆盘、磁带、固态非易失性数据存储器件、"智能卡"及其他媒体，不论是否已录制，包括供复制圆盘用的母片及母带，但不包括第三十七章的产品
纸张	48.01	成卷或成张的新闻纸
	48.02	书写、印刷或类似用途的未经涂布的纸及纸板、未打孔的穿孔卡片纸及穿孔纸带纸、成卷或成张矩形（包括正方形），任何尺寸，但品目48.01或48.03的纸除外；手工制纸及纸板
	48.06	成卷或成张的植物羊皮纸、防油纸、描图纸、半透明纸及其他高光泽透明或半透明纸
	48.10	成卷或成张矩形（包括正方形）的任何尺寸的单面或双面涂布高岭土或其他无机物质（不论是否加粘合剂）的纸及纸板，但未涂布其它涂料，不论是否染面、饰面或印花
	48.11	成卷或成张矩形（包括正方形）的任何尺寸的经涂布、浸渍、覆盖、染面、饰面或印花的纸、纸板、纤维素絮纸及纤维素纤维网纸，但品目48.03、48.09或48.10的货品除外
	48.17	纸或纸板制的信封、封缄信片、素色明信片及通信卡片；纸或纸板制的盒子、袋子及夹子，内装各种纸制文具
	59.01	用胶或淀粉物质涂布的纺织物，作书籍封面及类似用途的；描图布；制成的油画布；作帽里的硬衬布及类似硬挺纺织物

说明：该表依据《中华人民共和国海关统计商品目录（2012年版）》（海关总署综合统计司编制，北京：中国海关出版社，2012年1月第1版）编制。

附表 7　与海关统计分类对应的部分版权产业分类

主要产业组	品目	说明
服装、纺织品、鞋帽	39.26	其他塑料制品及品目 39.01 至 39.14 所列其他材料的制品
	42.03	皮革或再生皮革制的衣服及衣着附件
	42.05	皮革或再生皮革的其他制品
	43.03	毛皮制的衣服、衣着附件及其他物品
	43.04	人造毛皮及其制品
	51.11	粗梳羊毛或粗梳动物细毛的机织物
	51.12	精梳羊毛或精梳动物细毛的机织物
	51.13	动物粗毛或马毛的机织物
	52.08	棉机织物，按重量计含棉量在 85% 及以上，每平方米重量不超过 200 克
	52.09	棉机织物，按重量计含棉量在 85% 及以上，每平方米重量超过 200 克
	52.10	棉机织物，按重量计含棉量在 85% 以下，主要或仅与化学纤维混纺，每平方米重量不超过 200 克
	52.11	棉机织物，按重量计含棉量在 85% 以下，主要或仅与化学纤维混纺，每平方米重量超过 200 克
	52.12	其他棉机织物
	53.09	亚麻机织物
	53.10	黄麻或品目 53.03 的其他纺织用韧皮纤维机织物
	53.11	其他纺织用植物纤维机织物；纸纱线机织物
	54.07	合成纤维长丝纱线的机织物，包括品目 54.04 所列材料的机织物
	54.08	人造纤维长丝纱线的机织物，包括品目 54.05 所列材料的机织物
	55.12	合成纤维短纤纺制的机织物，按重量计合成纤维短纤含量在 85% 及以上
	55.13	合成纤维短纤纺制的机织物，按重量计合成纤维短纤含量在 85% 以下，主要或仅与棉混纺，每平方米重量不超过 170 克

主要产业组	品目	说明
	55.14	合成纤维短纤纺制的机织物,按重量计合成纤维短纤含量在85%以下,主要或仅与棉混纺,每平方米重量超过170克
	55.15	合成纤维短纤纺制的其他机织物
	55.16	人造纤维短纤纺制的机织物
	56.02	毡呢,不论是否浸渍、涂布、包覆或层压
	56.03	无纺织物,不论是否浸渍、涂布、包覆或层压
	58.01	起绒机织物及绳绒织物,但品目58.02或58.06的织物除外
	58.02	毛巾织物及类似的毛圈机织物,但品目58.06的狭幅织物除外;簇绒织物,但品目57.03的产品除外
	58.03	纱罗,但品目58.06的狭幅织物除外
	58.04	网眼薄纱及其他网眼织物,但不包括机织物、针织物或钩编织物;成卷、成条或成小块图案的花边,但品目60.02至60.06的织物除外
	58.05	"哥白林"、"弗朗德"、"奥步生"、"波威"及类似式样的手织装饰毯,以及手工针绣嵌花装饰毯(例如,小针脚或十字绣),不论是否制成的
	58.06	狭幅机织物,但品目58.07的货品除外;用粘合剂粘合制成的有经纱而无纬纱的狭幅织物(包扎匹头用带)
	58.07	非绣制的纺织材料制标签、徽章及类似品,成匹、成条或裁成一定形状或尺寸
	58.08	成匹的编带;非绣制的成匹装饰带,但针织或钩编的除外;流苏、绒球及类似品
	58.09	其他处未列名的金属线机织物及品目56.05所列含金属纱线的机织物,用于衣着、装饰及类似用途
	58.11	经绗缝或其他方法用一层或几层纺织材料与胎料组合制成的被褥状纺织品,但品目58.10的刺绣品除外
	59.02	尼龙或其他聚酰胺,聚酯或粘胶纤维高强力纱制的帘子布
	59.03	用塑料浸渍、涂布、包覆或层压的纺织物,但品目59.02的货品除外

主要产业组	品目	说明
	59.06	用橡胶处理的纺织物，但品目59.02的货品除外
	59.07	用其他材料浸渍、涂布或包覆的纺织物；作舞台、摄影布景或类似用途的已绘制画布
	60.01	针织或钩编的起绒织物，包括"长毛绒"织物及毛圈织物
	60.02	宽度不超过30厘米，按重量计弹性纱线或橡胶线含量在5%及以上的针织物或钩编织物，但品目60.01的货品除外
	60.03	宽度不超过30厘米，含弹性纱线或橡胶线在5%以下的针织或钩编织物，但品目60.01或60.02的货品除外
	60.04	宽度超过30厘米，按重量计弹性纱线或橡胶线含量在5%及以上的针织物或钩编物，但品目60.01的货品除外
	60.05	经编织物（包括由花边针织机织成的），但品目60.01至60.04的货品除外
	60.06	其他针织或钩编织物
	61.01	针织或钩编的男式大衣、短大衣、斗篷、短斗篷、带风帽的防寒短上衣（包括滑雪短上衣）、防风衣、防风短上衣及类似品，但品目61.03的货品除外
	61.02	针织或钩编的女式大衣、短大衣、斗篷、短斗篷、带风帽的防寒短上衣（包括滑雪短上衣）、防风衣、防风短上衣及类似品，但品目61.04的货品除外
	61.03	针织或钩编的男式西服套装、便服套装、上衣、长裤、护胸背带工装裤、马裤及短裤（游泳裤除外）
	61.04	针织或钩编的女式西服套装、便服套装、上衣、连衣裙、裙子、裙裤、长裤、护胸背带工装裤、马裤及短裤（游泳服除外）
	61.05	针织或钩编的男衬衫
	61.06	针织或钩编的女衬衫
	61.07	针织或钩编的男士内裤、三角裤、长睡衣、睡衣裤、浴衣、晨衣及类似品
	61.08	针织或钩编的女式长衬裙、衬裙、三角裤、短衬裤、睡衣、睡衣裤、浴衣、晨衣及类似品
	61.09	针织或钩编的T恤衫、汗衫及其他背心

主要产业组	品目	说明
	61.10	针织或钩编的套头衫、开襟衫、外穿背心及类似品
	61.11	针织或钩编的婴儿服装及衣着附件
	61.12	针织或钩编的运动服、滑雪服及游泳衣
	61.13	用品目 59.03、59.06 或 59.07 的针织物或钩编织物制成的服装
	61.14	针织或钩编的其他服装
	61.15	针织或钩编的连裤袜、紧身裤袜、长统袜、短袜及其他袜类，包括渐紧压袜类（例如用以治疗静脉曲张的长统袜）和无外缝鞋底的鞋类
	61.16	针织或钩编的分指手套、连指手套及露指手套
	61.17	其他制成的针织或钩编的衣着附件；服装或衣着附件的针织或钩编的零件
	62.01	男式大衣、短大衣、斗篷、短斗篷、带风帽的防寒短上衣（包括滑雪短上衣）、防风衣、防风短上衣及类似品，但品目 62.03 的货品除外
	62.02	女式大衣、短大衣、斗篷、短斗篷、带风帽的防寒短上衣（包括滑雪短上衣）、防风衣、防风短上衣及类似品，但品目 62.04 的货品除外
	62.03	男士西服套装、便服套装、上衣、长裤、护胸背带工装裤、马裤及短裤（游泳裤除外）
	62.04	女式西服套装、便服套装、上衣、连衣裙、裙子、裙裤、长裤、护胸背带工装裤、马裤及短裤（游泳服除外）
	62.05	男衬衫
	62.06	女衬衫
	62.07	男式背心及其他内衣、内裤、三角裤、长睡衣、睡衣裤、浴衣、晨衣及类似品
	62.08	女式背心及其他内衣、长衬裙、衬裙、三角裤、短衬裤、睡衣、睡衣裤、浴衣、晨衣及类似品
	62.09	婴儿服装及衣着附件

主要产业组	品目	说明
	62.10	用品目 56.02、56.03、59.03、59.06 或 59.07 的织物制成的服装
	62.11	运动服、滑雪服及游泳服；其他服装
	62.12	胸罩、腹带、紧身胸衣、吊裤带、吊袜带、束袜带和类似品及其零件，不论是否针织或钩编的
	62.13	手帕
	62.14	披巾、头巾、围巾、披纱、面纱及类似品
	62.15	领带及领结
	62.16	分指手套、连指手套及露指手套
	62.17	其他制成的衣着附件；服装或衣着附件的零件，但品目 62.12 的货品除外
	63.01	毯子及旅行毯
	63.02	床上、餐桌、盥洗及厨房用的织物制品
	63.03	窗帘（包括帷帘）及帐幔；帘帷及床帏
	63.04	其他装饰用织物制品，但品目 94.04 的货品除外
	63.07	其他制成品，包括服装裁剪样
	63.08	由机织物及纱线构成的零售包装成套物品，不论是否带附件，用以制作小地毯、装饰毯、绣花台布、餐巾或类似纺织物品
	64.01	橡胶或塑料制外底及鞋面的防水鞋靴，其鞋面不是用缝、铆、钉、塞或类似方法固定在鞋底上的
	64.02	橡胶或塑料制外底及鞋面的其他鞋靴
	64.03	橡胶、塑料、皮革或再生皮革制外底，皮革制鞋面的鞋靴
	64.04	橡胶、塑料、皮革或再生皮革制外底，用纺织材料制鞋面的鞋靴
	64.05	其他鞋靴
	65.01	毡呢制的帽坯、帽身及帽兜，未楦制成形，也未加帽边；毡呢制的圆帽片及制帽用的毡呢筒（包括裁开的毡呢筒）

中国版权产业的具体分类　101

主要产业组	品目	说明
	65.02	编结的帽坯或用任何材料的条带拼制而成的帽坯，未楦制成形，也未加帽边、衬里或装饰物
	65.04	编结帽或用任何材料的条带拼制而成的帽类，不论有无衬里或装饰物
	65.05	针织或钩编的帽类，用成匹的花边、毡呢或其他纺织物（条带除外）制成的帽类，不论有无衬里或装饰物；任何材料制的发网，不论有无衬里或装饰物；
	65.06	其他帽类，不论有无衬里或装饰物
	68.12	已加工的石棉纤维；以石棉为基本成分或以石棉和碳酸镁为基本成分的混合物；上述混合物或石棉的制品（例如，纱线、机织物、服装、帽类、鞋靴、衬垫），不论是否加强，但品目 68.11 或 68.13 货品除外
珠宝和硬币	71.13	贵金属或包贵金属制的首饰及其零件
	71.16	用天然或养殖珍珠、宝石和半宝石（天然、合成或再造）制成的物品
	71.17	仿首饰
	71.18	硬币
其他手工艺品	39.26	其他塑料制品及品目 39.01 至 39.14 所列其他材料的制品
	44.20	镶嵌木（包括细工镶嵌木）；装珠宝或刀具用的木制盒子和小匣子及类似品；木制小雕像及其他装饰品；第 94 章以外的木制家具
	58.10	成匹、成条或成小块图案的刺绣品
	46.01	用编结材料编成的缏条及类似产品，不论是否缝合成宽条；平行连接或编结的成片编结材料、缏条或类似的编结材料产品，不论是否制成品（例如，席子、席料、帘子）
	46.02	用编结材料直接编成或用品目 46.01 所列货品制成的篮筐、柳条编结品及其他制品；丝瓜络制品
	71.14	贵金属或包贵金属制的金银器及其零件
	83.06	非电动的贱金属铃、钟、锣及类似品；贱金属雕塑像及其他装饰品；贱金属相框或画框及类似框架；贱金属镜子
	96.01	已加工的兽牙、骨、玳瑁壳、角、鹿角、珊瑚、珍珠母及其他动物质雕刻材料及其制品（包括塑模制品）

主要产业组	品目	说明
家具	94.01	坐具（包括能作床用的两用椅，但品目 94.02 的货品除外）机器零件
	94.03	其他家具及其零件
家庭用品、陶瓷和玻璃	39.22	塑料浴缸、淋浴盘、洗涤槽、盥洗盆、坐浴盆、便盆、马桶座圈及盖、抽水箱及类似卫生洁具
	39.24	塑料制的餐具、厨房用具、其他家庭用具及卫生或盥洗用具
	39.25	其他处未列名的建筑用塑料制品
	39.26	其他塑料制品及品目 39.01 至 39.14 所列其他材料的制品
	42.02	衣箱、提箱、小手袋、公文箱、公文包、书包、眼镜盒、望远镜盒、照相机套、乐器盒、枪套及类似容器；旅行包、食品或饮料保温包、化妆包、帆布包、手提包、购物袋、钱夹、钱包、地图盒、烟盒、烟袋、工具包、运动包、瓶盒、首饰盒、粉盒、刀叉餐具盒及类似容器，用皮革或再生皮革、塑料片、纺织材料、钢纸或纸板制成，或者全部或主要用上述材料或纸包覆制成
	44.14	木制的画框、相框、镜框及类似品
	44.15	包装木箱、木盒、板条箱、圆桶及类似的包装容器；木制电缆卷筒；木托板、箱形托盘及其他装载用木板；木制的托盘护框
	44.16	木制的大桶、琵琶桶、盆和其他木制箍桶及其零件，包括桶板
	44.17	木制的工具、工具支架、工具柄、扫帚及刷子的身及柄；木制鞋靴楦及楦头：
	44.18	建筑用木工制品，包括蜂窝结构木镶板、已装拼的地板、木瓦及盖屋板
	44.19	木制餐具及厨房用具
	69.04	陶瓷制建筑用砖、铺地砖、支撑或填充用砖及类似品
	69.05	屋顶瓦、烟囱罩、通风帽、烟囱衬壁、建筑装饰及其他建筑用陶瓷制品

主要产业组	品目	说明
	69.06	陶瓷套管、导管、槽管及管子配件
	69.07	未上釉的陶瓷贴面砖、铺面砖,包括炉面砖及墙面砖;未上釉的陶瓷镶嵌砖(马赛克)及类似品,不论是否有衬背
	69.08	上釉的陶瓷贴面砖、铺地砖,包括炉面砖及墙面砖;上釉的陶瓷镶嵌砖(马赛克)及类似品,不论是否有衬背
	69.10	陶瓷洗涤槽、脸盆、脸盆座、浴缸、坐浴盆、抽水马桶、水箱、小便池及类似的固定卫生设备
	69.11	瓷餐具、厨房器具及其他家用或盥洗用瓷器
	69.12	陶餐具、厨房器具及其他家用或盥洗用陶器
	69.13	塑像及其他装饰用陶瓷制品
	69.14	其他陶瓷制品
	70.03	铸制或轧制玻璃板、片或型材及异型材,不论是否有吸收、反射或非反射层,但未经其他加工
	70.04	拉制或吹制玻璃板、片,不论是否有吸收、反射或非反射层,但未经其他加工
	70.05	浮法玻璃板、片及表面研磨或抛光玻璃板、片,不论是否有吸收、反射或非反射层,但未经其他加工
	70.06	经弯曲、磨边、镂刻、钻孔、涂珐琅或其他加工的品目70.03、70.04或70.05的玻璃,但未用其他材料镶框或装配
	70.08	多层隔温、隔音玻璃组件
	70.09	玻璃镜(包括后视镜),不论是否镶框
	70.10	玻璃制的坛、瓶、缸、罐、安瓿及其他容器,用于运输或盛装货物;玻璃制保藏罐;玻璃塞、盖及类似的封口器
	70.11	制灯泡、阴极射线管及类似品用的未封口玻璃外壳(包括玻璃泡及管)及其玻璃零件,但未装有配件
	70.13	玻璃器皿,供餐桌、厨房、盥洗室、办公室、室内装饰或类似用途(品目70.10或70.18的货品除外)
	70.14	未经光学加工的信号玻璃器及玻璃制光学元件(品目70.15的货品除外)

主要产业组	品目	说明
	70.15	钟表玻璃及类似玻璃、视力矫正或非视力矫正眼镜用玻璃，呈弧面、弯曲、凹形或类似形状但未经光学加工的；制造上述玻璃用的凹面圆形及扇形玻璃
	70.16	建筑用压制或模制的铺面用玻璃块、砖、片、瓦及其他制品，不论是否夹丝；供镶嵌或类似装饰用的玻璃马赛克及其他小件玻璃品，不论是否有衬背；花饰铅条窗玻璃及类似品；多空或泡沫玻璃块、板、片及类似品
	70.17	实验室、卫生及配药用的玻璃器皿，不论有无刻度或标量
	70.18	玻璃珠、仿珍珠、仿宝石或仿半宝石和类似小件玻璃品及其制品，但仿首饰除外；玻璃眼，但医用假眼除外；灯工方法制作的玻璃塑像及其他玻璃装饰品，但仿首饰除外；直径不超过1毫米的玻璃小珠
	76.12	盛装物料用的铝制桶、罐、听、盒及类似容器，包括软管容器及硬管容器（装压缩气体或液化气体的除外），容积不超过300升，不论是否衬里或隔热，但无机械或热力装置
	81.13	金属陶瓷及其制品，包括废碎料
	82.15	餐匙、餐叉、长柄勺、漏勺、糕点夹、鱼刀、黄油刀、糖块夹及类似的厨房或餐桌用具
	83.06	非电动的贱金属铃、钟、锣及类似品；贱金属雕塑像及其他装饰品；贱金属相框或画框及类似框架；贱金属镜子
	83.10	贱金属制的标志牌、铭牌、地名牌及类似品、号码、字母及类似标志，但品目94.05的货品除外
	94.05	其他处未列名的灯具及照明装置，包括探照灯、聚光灯及其零件；装有固定光源的发光标志、发光铭牌及类似品，以及其他处未列名的这些货品的零件
	96.06	纽扣、揿扣、纽扣芯及纽扣和揿扣的其他零件；纽扣坯
	96.17	带壳的保温瓶和其他真空容器及其零件，但玻璃瓶胆除外

主要产业组	品目	说明
墙纸和地毯	57.01	结织栽绒地毯及纺织材料的其他结织栽绒铺地制品，不论是否制成的
	57.02	机织地毯及纺织材料的其他机织铺地制品，未簇绒或未植绒，不论是否制成的，包括"开来姆"、"苏麦克"、"卡拉马尼"及类似的手织地毯
	57.03	簇绒地毯及纺织材料的其它簇绒铺地制品，不论是否制成：
	57.04	毡呢地毯及纺织材料的其它毡呢铺地制品，未簇绒或未植绒，不论是否制成
	57.05	其他地毯及纺织材料的其他铺地制品，不论是否制成
	48.14	壁纸及类似品；窗用透明纸
玩具和游戏用品	95.03	三轮车、踏板车、踏板汽车及类似的带轮玩具；玩偶车；玩偶；其他玩具；缩小（按比例缩小）的模型及类似的娱乐用模型，不论是否活动；各种智力玩具
	95.04	游艺场所、桌上或室内游戏用品，包括弹球机、台球、娱乐专用桌及保龄球自动球道设备
	95.05	节日（包括狂欢节）用品或其他娱乐用品，包括魔术道具及嬉戏品
	95.08	旋转木马、秋千、射击用靶及其他游乐场的娱乐设备；流动马戏团及流动动物园；流动剧团

说明：该表依据《中华人民共和国海关统计商品目录（2012年版）》（海关总署综合统计司编制，北京：中国海关出版社，2012年1月第1版）编制。

参考文献

[1] 世界知识产权组织.版权产业的经济贡献调研指南.北京:法律出版社,2006.

[2] 国家统计局国民经济核算司.中国经济普查年度国内生产总值核算方法.北京:中国统计出版社,2007.

[3] 国务院第二次全国经济普查领导小组办公室.中国经济普查年鉴2008.北京:中国统计出版社,2010.

[4] 中华人民共和国国家统计局.中国统计年鉴2013.北京:中国统计出版社,2013.

[5] 海关总署综合统计司.中华人民共和国海关统计商品目录(2011年版).北京:中国海关出版社,2011.

[6] 海关总署综合统计司.中华人民共和国海关统计商品目录(2012年版).北京:中国海关出版社,2012.

[7] 国家新闻出版广电总局规划发展司.中国新闻出版统计资料汇编(2013).北京:中国书籍出版社,2013.

[8] Stephen E.Siwek. Copyright Industries in the U.S.Economy(The 2003-2007 Report).

[9] Stephen E.Siwek. Copyright Industries in the U.S. Economy (The 2011 Report).

[10] Stephen E.Siwek. Copyright Industries in the U.S. Economy (The 2013 Report).

[11] Stephen E.Siwek. Copyright Industries in the U.S. Economy (The 2014 Report).

[12] WIPO. National Studies on Assessing the Economic Contribution of the Copyright – Based Industries.

[13] The Economic Importance of Copyright. Published by The Common Law Institute of Intellectual Property.